中央电视台科教节目制作中心 凤凰出版传媒集团 联合打造

"大家丛书"

汤一介传

《儒藏》春秋

李娟娟 著

江苏人民出版社

图书在版编目（CIP）数据

《儒藏》春秋：汤一介传/李娟娟著.—南京：
江苏人民出版社，2011.10
（大家丛书）
ISBN 978－7－214－07571－0

Ⅰ.①儒… Ⅱ.①李… Ⅲ.①汤一介－传记 Ⅳ.
①K825.1

中国版本图书馆 CIP 数据核字（2011）第 215552 号

书　　　名	《儒藏》春秋——汤一介传
著　　　者	李娟娟
责 任 编 辑	沈　亮
装 帧 设 计	许文菲
出 版 发 行	凤凰出版传媒集团
	凤凰出版传媒股份有限公司
	江苏人民出版社
集 团 地 址	南京市湖南路 1 号 A 楼，邮编：210009
集 团 网 址	http://www.ppm.cn
出版社地址	南京市湖南路 1 号 A 楼，邮编：210009
出版社网址	http://www.book-wind.com
	http://jsrmcbs.tmall.com
经　　　销	凤凰出版传媒股份有限公司
照　　　排	江苏凤凰制版有限公司
印　　　刷	江苏凤凰通达印刷有限公司
开　　　本	880 毫米×1230 毫米　1/32
印　　　张	5.625　插页 2
字　　　数	121 千字
版　　　次	2012 年 1 月第 1 版　2012 年 1 月第 1 次印刷
标 准 书 号	ISBN 978－7－214－07571－0
定　　　价	15.00 元

（江苏人民出版社图书凡印装错误可向承印厂调换）

引　子 ……………………………………………… 1

第一章　被父亲取名"一介"的孩子 ………………… 3

1. 湖北黄梅的"诗书之家" ………………………… 3

2. "一介书生"来到人间 …………………………… 5

3. 北京南池子缎库胡同大院与庐山的小楼 ……… 7

4. 在北平上幼儿园和小学的日子 ………………… 9

5. 天生流淌着爱读书的血液 ……………………… 11

第二章　难忘的中学岁月 …………………………… 13

1. 缎库胡同大院不再平静 ………………………… 13

2. 从北平到云南 …………………………………… 15

3. 中学生的"成长烦恼" …………………………… 20

4. 走近哲学的少年 ………………………………… 24

5. 阅读红色"禁书"《西行漫记》 …………………… 27

6. "西去延安幻想曲" ……………………………… 29

7. 在重庆南开中学 ………………………………… 33

8. 难忘的《文拓》 …………………………………… 35

目 录

9. 早逝的大哥和大妹 …………………………… 38

第三章　在阅读中走入哲学 ………………… 41

1. 在昆明的最后岁月 ………………………… 41

2. 初读中国古典哲学 ………………………… 42

3. 对"生死"的感悟 ………………………… 46

4. 在阅读中长大 ……………………………… 48

第四章　和北大一起成长 …………………… 51

1. 走进北大先修班 …………………………… 51

2.《文拓》复刊 ……………………………… 54

3. 积极投身政治活动 ………………………… 55

4. 北大哲学系的勤奋青年 …………………… 57

5. 道家、佛家思想冲击下的彷徨 ………… 59

6. 对人生的真诚追求 ………………………… 61

7. 以儒家思想为基础的"生死观" ………… 64

8. 和父亲一起留在北大 ……………………… 66

9. 一介书生与北大才女 ……………………… 69

10. 书结姻缘 …………………………………… 70

11. 怀念北大 …………………………………… 74

12. 走马克思列宁主义道路 ………………… 75

第五章　人生风雨 ……………………………… **80**

1. 回到北大 …………………………………… 80

2. 第一次人生风暴 …………………………… 81

3. 哲学路程 …………………………………… 85

4. 父子情深 …………………………………… 87

5. 未名湖畔起风云 …………………………… 91

6. 在鲤鱼洲干校 ……………………………… 94

7. 夫妻患难真情 ……………………………… 96

8. 伟大的母亲 ………………………………… 98

第六章　焕发学术活力 ………………………… **101**

1. 成功开讲《魏晋玄学与佛教、道教》……… 101

2. 完成《郭象与魏晋玄学》 ………………… 106

3. 出版《魏晋南北朝时期的道教》………… 109

目 录

4. 范畴研究法 …………………………… 111

5. 对当代儒学的反思 …………………… 114

6. 探索中国解释学 ……………………… 118

7. 国际间的"文明对话" ………………… 120

8. 国际学术交流之旅 …………………… 123

第七章 《儒藏》春秋 …………………… **129**

1. 创办中国文化书院 …………………… 129

2. 挑起《儒藏》编纂重担 ……………… 133

3. 实现"梦想" ………………………… 135

4. 无悔的追求 …………………………… 137

5. 成立北京大学儒学研究院 …………… 138

6. 反对称自己为大师 …………………… 142

7. 《儒藏》编纂工程的进展和成果 …… 145

第八章 生命之光依然闪烁 …………… **148**

1. "金婚"之家的"儒道互补" ………… 148

2. 与书为伴 …………………………… 153

目 录

3. 子孙成了美国人 ···························· 158

4. 和谐的"三口之家" ···························· 162

5. 生命之光依然闪烁 ···························· 168

引　子

在中国传统文化思想中,儒、道、释历来三分天下。但在中国的历史上,却只有《佛藏》和《道藏》,而没有《儒藏》。21世纪初,这一历史终于得以突破,而改写中国这一历史的带头人就是我国著名的哲学家、一代国学大师汤一介。

2003年,教育部正式批准"《儒藏》编纂与研究"方案作为哲学社会科学研究重大课题攻关项目立项,同时任命汤一介为《儒藏》编纂工程的首席科学家、总编纂。对于这个须耗时几十年并集录中国历代儒家思想文化经典的浩大而艰巨的工程,76岁的汤一介义无反顾挑起了《儒藏》编纂的重担。

作为一代中国著名的哲学家,自上个世纪80年代以来,汤一介一直为发展、弘扬祖国的传统文化而孜孜不倦。从最早开设《魏晋玄学与佛教、道教》到探索中国解释学,从带领国内学者开展国际间的"文明对话"到带领中国哲学步入国际学术交流之旅,从创办中国文化书院到非凡的《儒藏》编纂工程,汤一介始终以引领者的步伐,前进在中国哲学研究领域的大道上。

2010年6月北京大学儒学研究院成立后,汤一介又制定了儒学研究的10年规划,为了中国的传统文化,汤一介仍然在呕心沥血。

今天,《儒藏》工程已经走过了 8 个春秋,汤一介也已经84 周岁,然而他仍然在全心拼搏、奋力前行。因为他心中最大的愿望就是把《儒藏》编成中国历史上规模最大、内容最全、质量最好的一部儒家经典集大成著作。

第一章　被父亲取名"一介"的孩子

□ *1. 湖北黄梅的"诗书之家"*

　　坐落在长江岸边的湖北黄梅县，江对面就是我国著名的风景名胜庐山。在黄梅，汤氏家族可谓名副其实的"诗书之家"。当年最早从江西永丰迁到黄梅的汤氏正谊公，一生都在黄梅乡下勤勤恳恳做教书匠。让他最引以为自豪的是教出了3个进士，而其中的一个就是汤氏正谊公的孙子汤霖。正谊公因为学问深厚，又善于循循善诱教书育人，所以自号引轩，亦称引轩公。

　　引轩公当年虽然是一个非常优秀的教书育人的读书人，又有很深厚的学问，但却一生没有得到功名，仅被"赐副举人"。

　　汤氏正谊公之子汤立贤，字谦吉，号莘夫，虽只做到相当于知县师爷职位的差事，却也是非常注重学术之人，并曾力助当年湖北省总督胡林翼治理水患。当年汤立贤力助参与的大堤工程告成后，致使当地三十年没有发生水患。

　　汤立贤虽一生不曾为官，但除身体力行协助湖北总督"运粮馈饷、修拦湖堤"之外，最喜好的即是读书，尤其喜读《左传》，不仅熟读，而且到了晚年70多岁时，仍可以一字不

落背诵如流。

从以上这些取自《汤氏宗谱》等记载的资料中可以看出，长江岸边湖北黄梅的汤氏家族自正谊公起，即为有学问之人，并多以读书、教书、授徒为业，所以汤氏家族可以称为"诗书之家"。

汤立贤之子汤霖，字崇道，号雨三，道光庚戌年（1850）出生于家乡湖北黄梅，光绪十六年（1890）中进士，做过几任知县，后多次任甘肃乡试同考官，并于1906年与陈增佑等合办甘肃省优级师范学堂。汤霖先生不仅力主实施创办新式学堂，而且先后将自己的两个儿子，即汤用彬、汤用彤分别送进新式学堂学习，这亦可称为汤霖先生接受新式教育的明智之举。

汤霖殁于民国三年（1914），享年64岁。他为汤氏家族留下了"事不避难，义不逃责"的家训。意为告诫他的后人，做事情不要逃避困难，也不要逃避责任。他还曾为汤家留下了一张拓片，那是代表他最辉煌的进士碑拓片。在考中进士那年，他的名字被刻入进士碑。现在那块进士碑依然立在孔庙里，只是由于年久风化的原因，上面的字迹已经有些模糊不清了。

汤霖的长子汤用彬年长次子汤用彤10岁，早年考上清朝举人，20岁时赶上清朝末年改革教育制度，汤用彬因此再没有得到考取进士的机会，遂考进同文馆主学俄文。民国以后汤用彬做过国会议员，后一直居住在北京，其间任北京市市政府主任秘书一职时间最长。汤用彬曾入国立分科大学学习，主修国史，毕业时被授予文学士，其诗文和书法造诣颇深，故有诗人和书法家之称。汤用彬因长期居住北京，十分熟悉北京地区的人文地理，又因擅长文史，因此还曾主编了一部"帝都景物略"。该书主要对北京地区的地理、各景区作了详尽介绍。由此可见,汤用彬虽官至当年北京市政府主任秘书,但仍不失为一文学造诣较为深厚之文人。

汤霖的次子汤用彤,字锡予。1893年出生在甘肃省渭源县,1908年入北京顺天府学校,1911年辛亥革命后考入清华学堂,1918年赴美留学,先在明尼苏达州汉姆大学,1919年转入哈佛研究院,1922年回国后,一直在大学教书办学。1931年应胡适之聘到北京大学做教授,后任北京大学副校长。是我国一代著名佛学家、国学大师。1964年在北京逝世。

汤用彤之子汤一介,1927年生于天津,1951年毕业于北京大学哲学系,后一直任北京大学哲学系教授。现为中国著名哲学家、国学大师。据此可知,长江岸边黄梅县汤氏家族的汤霖、汤用彤、汤一介三代均以教书办学为业,他们以"事不避难,义不逃责"为家训而无愧于书香世家之风。

□ 2. "一介书生"来到人间

1927年农历1月15日,正在天津南开大学任教的中国著名学者汤用彤教授家中又喜添一个男丁。这虽不是汤家的长子,却是汤用彤教授自美国留学归来5年后汤家出生的第一个孩子。

这让汤用彤教授十分高兴,他为新出生的小儿子取名"一介",这一方面是按照教授的祖籍湖北黄梅汤氏家族这一代子孙的名字以"一"字排列,一方面也是身为学者读书人的汤用彤先生对他的第二个儿子寄予的厚望,他十分希望他的

后代成为有学问的读书人,因而取"一介书生"之"一介"。

于是,"汤一介"从此成了汤家这个刚刚出生的第二个儿子的名字。在这之前,汤教授夫妇曾育有一儿一女,但是在教授远渡美国留学期间,他们的女儿汤一梅因患病离开了人世,致使当时带着一双儿女留在北平的汤夫人无限悲痛和自责。汤一介出生的这一年,汤教授和夫人的大儿子汤一雄已经整整 10 岁。

而此时年轻的汤夫人更是望着襁褓中的婴儿心中一阵阵抑制不住地激动,她为孩子能够平安来到人间而感到无比欣慰,似乎这个时候做母亲的才想起,为了这个孩子,她曾经献出了令人敬佩的伟大母爱。

原来孩子还在母亲的腹中躁动时,年轻的汤夫人曾意外地遭遇了一次黄包车的翻车事故。一天上午,已经怀孕的汤夫人走出家门坐上了黄包车。虽说相对于交通发达的今天,当年的黄包车可说是一种落后的交通工具,然而在当年的北京城,没有一定身份的人是坐不起黄包车的。因此对于当年的汤夫人来说,出门坐黄包车应该是既方便,又舒适安全。

但这一次普通的出行却发生了意外。正当汤夫人稳坐在黄包车中的时候,忽然觉得正在行进的黄包车猛然晃动了一下,紧接着就翻了车,把汤夫人摔在了地上。受到惊吓的汤夫人在摔倒在地的一刹那,本能地伸出双臂,用双手支撑在地,这个一瞬间的本能动作,虽然让汤夫人感到手臂剧烈疼痛,却保护了腹中的胎儿。

胎儿保住了。但这一事故却让年轻的汤夫人手臂骨折了。从此她的健康也受到了影响,而她却一直为自己勇敢保护了自己的孩子而欣慰。

虽然"一介书生"在还没有出生时就度过了一段"不平

坦"的历程,但他却很幸运,因为在他还没有来到人间时就享受到了伟大的母爱。而对于汤夫人来说,虽然当年的手臂骨伤一直伴随着她走过了几十年的岁月,但作为一个母亲,她无疑是杰出而伟大的,因为她不仅以伟大的母爱把她的儿子平安领到这个世界,更以一个中国母亲无私善良的美德,为中华大地养育了中国一代著名哲学家汤一介。

□ 3. 北京南池子缎库胡同大院与庐山的小楼

汤一介出生 1 年后,正逢当时的南京东南大学改组为中央大学。于是,他的父亲汤用彤教授就从天津南开大学调到了南京中央大学,1 岁的汤一介又跟随父母来到南京。3 年后,汤用彤先生又应胡适先生之邀来到北京大学做研究教授,4 岁的汤一介从此和父母、家人在北平度过了从幼儿园到小学的快乐无忧的日子。而汤用彤先生从北大教授一直到担任北大副校长,再也没有离开北大。

20世纪 30 年代,上个世纪 30 年代,汤一介与父母及两个妹妹在缎库胡同大院。

汤一介能够有一个衣食无忧的童年,主要得益于当年汤家优裕的家境。自从汤

精明理财的汤家祖母——汤霖的"贤内助"梁氏夫人。

用彤教授带着一家人离开南京回到北京后,就与父母以及大哥汤用彬一家共同居住在位于北京东城区南池子缎库胡同的前门3号、后门6号合在一起的一座有50多间房子的三层大院里。

不要说是这么多的房子,单就房子地处东城南池子这样北京城上好的"地段",就可以想见当年汤家人的"经济实力"了。而为汤家打下如此丰厚"家底"的人,既不是曾经拿过清朝俸禄的汤一介的祖父汤霖,也不是当国会议员和北平市政府秘书主任,每月领取现大洋的汤一介的大伯父汤用彬,更不是刚刚来到北京大学教书的汤一介的父亲汤用彤教授,而是汤一介的祖母,汤霖的"内人"梁氏夫人。

这位梁夫人虽然没有进过正规学堂受教育,却天生聪明能干并善于理财。靠着自己的精明强干,梁氏夫人不仅把丈夫汤霖的俸禄和两个儿子挣得的现大洋管得井井有条,而且凭着她的理财本领,抓住时机为汤家置下了当年位于北京城中心的两座深宅大院。虽然如此,汤家祖母的"理财之心"却依然在"膨胀"。不久,梁夫人为汤氏家族在湖北黄梅购得大量田产,又在与黄梅隔江而望的中国著名风景胜地庐山购置了3栋别墅小楼。童年的汤一介在北平南池子缎库胡同一直住到1939年抗战爆发后,9年欢乐无忧的童年时光给汤一介留下了抹不掉的回忆。

4. 在北平上幼儿园和小学的日子

回到北平后,汤用彤教授决定送他 4 岁的儿子汤一介进幼儿园。应该说在当年的北京城,幼儿园大多是为少数人开放的。而汤教授适时把自己的孩子送进幼儿园,一是源于汤家的实力,另外也可以看出,虽然平日里汤教授一向给子女一个"宽松自在"的空间。但在对子女接受教育的方面,还是比较重视的。

20世纪 30 年代,小学生汤一介与堂弟、家庭教师在中山公园。

汤一介在北平上幼儿园和小学的日子无忧无虑,这得益于汤用彤先生和汤夫人对孩子的悉心抚养和教育。身为北京大学教授的汤用彤虽然整日忙于工作和做学问,但他却是汤家孩子眼中一个最有学问又最慈祥的好父亲。平日里,工作繁忙的汤教授从不管教孩子,更不责骂孩子,但只要有时间,教授就一定会带上他的儿女出去散步,逛公园,还给他们买好吃的。出身名门的汤夫人更是竭尽全力,全身心地照顾好孩子们的衣食住行。

轻松自由的生活环境塑造了汤一介率直、真诚的性格。成年后的汤一介不仅十分感念父母给了自己一个快乐的童

年,更在自己子女的教育方面,也像父亲汤用彤教授一样,主张让孩子有一个任意发展的空间。而汤一介的一双儿女果然也是学习优秀、事业有成。

汤一介虽然对4岁以后曾经上过的两所幼儿园记忆不多,但却留下了快乐美好的回忆。特别是在他后来去的东华门孔德幼儿园,除了高兴地做游戏、画画和吃小点心外,汤一介最喜欢的就是唱歌,因为唱歌的声音好听。而且在时隔近80年后,晚年的汤一介仍然清楚记得当年他最喜欢唱的儿歌:"我们一同瞧瞧,我们一同瞧瞧,飞机来了,飞机来了,在天空中嗡嗡叫。"这或许就是哲学家汤一介在儿时就已显露出不同一般的智慧。

而东华门的孔德小学和育英小学同样也带给了汤一介"快乐无忧"的回忆,这其中有小学生汤一介因为讨厌学习日文,和同学们一起在日文考试时将日语书藏在屁股底下大行作弊的趣事。也有体育成绩出色的小学生汤一介拿到了立定跳远第一名和50米、100米短跑第一名和第二名的高兴事。当然还有更快乐的就是唱歌,小学生汤一介不仅是合唱团的优秀一员,还代表学校去到电台表演,这让童年的汤一介着实风光了一把。

20世纪30年代,汤一介与大妹、小妹、堂弟等在北平缎库胡同大院。

虽然汤一介曾"自我评价"小学时"表现

平平",但小学时的汤一介无疑是快乐的。只不过,小学生汤一介的六年级还没有念完,由于抗战爆发,汤夫人就携儿女离开北京奔赴云南了。

5. 天生流淌着爱读书的血液

汤用彤教授虽然主张孩子"自由自在"成长,但心底里却始终希望自己的孩子一生读书做学问,以传承汤家世代以读书为本,以教书办学为业的家风。因而汤教授也像他的父亲汤霖一样,视读书为本分,且最喜欢吟诵《哀江南》和《哀江南赋》,尤其是在孩子们睡午觉时,教授总是一边拍着女儿汤一平的头,一边吟诵《哀江南赋》。听的多了,虽然不懂它的含义,汤一介却在6、7岁时就可以流利地背诵了。

儿时的汤一介虽然无忧无虑、不知努力学习,更不理解父亲为他吟诵《哀江南赋》的含义和对自己"读书做学问、传承汤氏家族家风"的希望。但是在他幼小的身体里却天生流淌着爱读书的血液。从最早在小学三年级开始看古典小说以后,小小年纪的

20世纪30年代,汤一介与母亲、大伯母、大妹、弟弟、堂弟在北平。

汤一介就逐渐开始喜爱阅读唐宋诗词。一日汤一介正在背诵他喜爱的唐诗,刚刚吟颂完《哀江南赋》的汤用彤教授立即找出庾信的《哀江南赋》对他的儿子说:"你也可以读一读。"

父亲说完这些话后,并没有再给汤一介讲出这首赋的意义,因此汤一介当时读后也没能理解到《哀江南赋》的含义和父亲对自己寄予的希望。后来随着一天天长大,一直到汤一介在重庆南开中学读书再读到《哀江南赋》时,才从此赋中领悟到父亲要他熟读《哀江南赋》就是希望他知道一个诗书之家应有的家风,而且父亲更希望他的儿子记住汤氏家族"读书做学问、传承汤氏家族家风"的家训。

从学会背诵《哀江南赋》到成为中国一代哲学大家,汤一介始终不忘父亲的教诲和汤氏家风。多年来始终保持着爱读书的好习惯,不仅秉承了汤氏家族的家风,更无愧于"一介书生"之名。

第二章　难忘的中学岁月

□ 1. 缎库胡同大院不再平静

北平南池子缎库胡同大院和庐山别墅小楼无忧与快乐的生活让汤一介度过了一个美好难忘的童年。然而抗日战争的爆发,却改变了深居在缎库胡同大院汤氏大家庭每一个人的生活和命运。童年的汤一介终于在1939年告别了缎库胡同大院,跟随母亲去了云南。这一年,小学六年级还没有念完的他刚刚12岁。

而实际上在1937年中国爆发了卢沟桥事变之后,北平城南池子缎库胡同大宅院里汤氏一家的生活就已开始蒙上了阴云。当时,一生以读书办学育人为重、最喜吟诵《哀江南赋》的汤家祖父汤霖早已仙逝,能干的汤家祖母也已是老态龙钟,到了迟暮之年。这个时候本应挑起汤家大梁的汤家长子汤用彬却在日本侵略者占领北平城之际,投身效力于北平伪政府。汤家大儿子这一行径,自是为人不齿,倘若在天有灵,恐九泉之下一向廉洁奉公、以读书为本的教育家汤霖也不会宽恕汤家大儿子的如此作为。

而汤家的小儿子汤用彤却始终未忘其父汤霖的教诲,在

20世纪 30 年代，上小学的汤一介与母亲、弟弟妹妹在北平。

1937 年 7 月，汤用彤教授去南京参加中国哲学会后，即直接取道去了长沙。接着，正在北平汇文中学上高中的汤一雄也紧随父亲到了长沙。

这之后，汤氏父子二人共同奔赴昆明西南联大，汤用彤教授继续开始教书育人，汤一雄则成为西南联大的一名大学生。缎库胡同大院汤家一向优裕平静的生活就此彻底改变，不久，汤用彬两个大学毕业的女儿也相继远赴重庆教书。这样，在日本侵略者占领北平城后，汤家除了在北平伪政府担任秘书处主任的汤用彬外，缎库胡同大院只剩下了"老弱妇孺"。

不久，汤家大儿子汤用彬又同时担任了当时北平中山公园管理委员会的委员，"仕途坦荡"的汤用彬于是主动向当时北平伪政权的要员们表示，要让自己的弟弟汤用彤回到北平任职。因为以当时汤用彤的身份和在学界的地位，倘若能在北平为日本人效力，不但会得到优厚待遇，而且会造成更大的影响。而这也是汤用彬最想达到的目的。

不过汤用彬显然不了解他的弟弟，既是已下了"誓死不为日本人效力"的决心，一生清廉正直、以做学问为己任的汤用彤就绝对不会回到日本人统治的北平城。更何况此时远在云南的汤用彤时刻都在寻找适当时机接出沦陷在北平城的妻儿。

1939 年的夏天,撤出北平 2 年后,汤用彤教授终于从昆明出发,踏上了奔赴北平接出妻儿的行程。然而尽管汤教授为此次北上做了充分的准备,最后却在即将到达北平时遭遇到天津发大水,突降的天灾致使轮船无法靠岸,登陆不成的汤教授只得又沿原途返回昆明。

北上之行几经辗转,却没有接出夫人和孩子,深感失意和无奈的汤用彤却不知,天津的滔滔洪水虽然阻隔了他和妻儿的团聚,却也阻挡住了他的兄长"劝降"小弟的阴谋。倘若他真能如愿踏入北平城,那他势必将难以脱身。因而此行虽然遭到"天公"不作美,却实为汤用彤教授的一件幸事。

20世纪 30 年代,汤一介与大妹、弟弟及堂弟、堂妹在缎库胡同大院。

□ 2. 从北平到云南

亲人近在咫尺,却仍然不能团聚,没能接回妻儿的汤教授只得乘船返回。又是一路颠簸辗转,终于从天津回到昆明。身心疲惫的教授却仍时时牵挂千里之外的夫人和孩子。

一番思索，他还是决定给家中写信，让夫人带着孩子来昆明，以得一家团聚。

虽然知道北平到云南的千里之行定会劳顿与艰辛不易，但接到教授的家书后，能干的汤夫人却丝毫没有犹豫就做出决定，离开北平，带着孩子们去云南与丈夫团聚。

行程定下后，汤夫人开始做离开北平的准备。一向能干、头脑清醒的汤夫人知道除了吃穿用的生活必需品外，就是要带上足够的黄金，因为这是她和孩子们远赴云南途中最重要的经济保证。行将出发之际，北京大学著名的哲学美学教授邓以哲先生突然来到了汤家。邓以哲先生不仅是汤用彤教授的好友，更因为与宗白华齐名而以"南宗北邓"之称闻名中外。这一次是邓以哲教授请求汤夫人带上他的一双儿女邓稼先和邓仲先同去昆明，因为在那里有邓家的亲戚可以照顾两个孩子。

邓稼先是后来中国的"两弹"元勋，那一年邓稼先 15 岁，正在上中学。日本人占领北平城后，要求所有中国人举着旗子上街庆祝，一腔热血的少年邓稼先愤怒地把旗子撕碎并踩在了脚下。他的校长得知后非常害怕，他担心这个爱国少年受到日本人的迫害，于是赶快找到邓以哲教授。校长与邓教授是好朋友，他劝邓教授，为了孩子的安全，要尽快把孩子转走。于是邓以哲教授找到了汤夫人，为了更放心，他把儿子邓稼先连同女儿邓仲先一同托付给了汤夫人。

邓家姐弟给汤一介留下了很好的印象，汤一介记得弟弟邓稼先聪明可爱，学习刻苦，到了昆明后，邓稼先进入西南联大学习，后来他们在聊天时邓稼先说起为了学好英文，他经常在西南联大院子里的路灯下苦读的情形，在少年汤一介的脑海中印下了深刻记忆。姐姐邓仲先则待人很和气，此后几十年的时间，邓仲先以及邓以哲先生和夫人，一直和汤家保持着深厚的友谊。

汤夫人虽已是重任在肩，却仍爽快答应带上邓家姐弟一同前往云南。一切准备停当后，汤夫人带上她的二儿子汤一介，小儿子汤一玄，女儿汤一平，邓家姐弟邓仲先和邓稼先，再加上她和几个孩子的生活必需品以及她备足了的黄金，踏上了北平到云南的路程。

他们在第一站到达了天津后，以后的路程就不那么简单了。汤夫人先带着 5 个孩子从塘沽码头登上了天津驶往上海的轮船。到上海后的下一站就是中国香港，因此在到达上海后，汤夫人办理的最重要的事就是为她的一行 6 人办好去香港的各种手续。于是汤夫人把几个孩子安顿在上海跑马地附近的东方饭店后，独自一人出去办理各种手续。

虽说汤夫人出身大家，见过世面，但这次一个人带着 5 个孩子一起出门远行，说起来实在是辛劳之事。而此行他们不仅要远渡大洋，还要穿过中国香港、越南，行程达数千公里，不要说途中的操劳辛苦，光是要亲自出面办理各种手续证件等事，对于一向深居简出、相夫教子的汤夫人来说，就已经是不易之事了。

但汤夫人没有丝毫退缩，也实不愧为"勤于持家、贤惠能干"之女性，她既顺利办好了各种手续证件，又把孩子们的吃住安排得井井有条，不仅如此，她还"不失时机"地在等待签证的几天里地为孩子们安排了一次愉快而难忘的"观光"。

从中国香港出发的下一站就是越南的海防，因此除了办理各种手续证件，汤夫人和孩子们还要等待驶往越南海防的轮船，在这漫长的候船时间里，汤夫人第一步是拿出她早就准备好的黄金去银行换成港币，以支付这一行 6 人在香港吃

住的不菲开支。第二步就是尽量安排好孩子们在中国香港的生活。

在汤夫人的带领下,汤一介和弟弟妹妹还有邓家姐弟一同登上了通往太平山顶的爬山电车,在北平长大的孩子们立刻对这个他们从未见过的"新鲜玩意"充满了好奇和抑制不住的兴奋。爬山电车载着他们一直到太平山顶,让他们看到了整个香港的风景,也看到了壮阔的大海。那一天,孩子们玩得高兴极了。

几十年后,年逾八十的汤一介提起在中国香港的那一段日子,脑海里最清晰的画面就是:母亲为了孩子们,几次拿出黄金去换钱以及拿换来的钱带他们登上香港太平山尽情游玩的情景。

从北平到云南途中在中国香港太平山的"爬山电车",是少年汤一介的难忘记忆。

奔赴昆明的旅途是漫长的,当汤夫人带着孩子们终于登上中国香港开往安南(越南)的轮船到达海防码头时,他们离开北平已经一个多月了。

看到海防岸上飘扬的膏药旗,汤夫人明白,日本人的军队已经将这个城市占领。汤一介的第一个印象就是在海防上岸时,一家人受到了站岗日本兵的检查。这样的屈辱,不由在已经懂事的汤一介心中笼罩了一层无形的阴影,在日本兵的盘查下,大人和孩子都无声地走过检查站。

心中的阴影和无声的静寂很快被孩子们的欢叫声打散,因为走过检查站的孩子们立刻就看到了站在那里等候的汤用彤教授,一家人终于团聚在喜悦和激动中。而汤夫人第一句话就问汤教授说:"一雄为什么没有来?"

自从 1937 年抗战爆发,汤家大儿子汤一雄紧随父亲离开北平后，两年多的时间里，汤夫人无时无刻不在惦念她的大儿子。而此时她更不会想到，她时时牵挂的大儿子已经病逝了。汤教授担心一路劳累的妻子经受不住大儿子病逝的噩耗，只能用一句"一雄要上课，不能来"作为回答，暂时对汤夫人隐瞒了这件伤心的事。

汤家的这次团聚是汤夫人和孩子第一次走出国门，也是一次难得的"异国重逢"。这让教授决定带着家人在河内多住几天，以略享一下河内的异国风情。一家人在海防停歇了两天后，终于来到了河内。这时的河内还没有遭到战争炮火的摧残，依然是一片宁静幽雅，到处是树木，到处是花草，让自幼在北方长大的汤一介一下就深深喜爱上了这个热带城市。

汤用彤教授给他的孩子们买了各种糖果，其中还有孩子们从未吃过的法国糖果，不知忧愁的孩子们快乐地分吃着法国糖果，而汤教授只是静静地看着他的儿女们，似乎分享到了孩子们的甜蜜。

河内树木很多，随处可见香蕉树和椰子树，这些对来自北方的孩子们更有着无限的吸引力。汤一介和妹妹最爱在这些树丛里跑来跑去，弟弟汤一玄还不到 3 岁，但也照样蹦蹦跳跳跑起来，跟着他的哥哥姐姐在树丛里钻来钻去。汤教授也跟着他的孩子们站在花树丛中，静静地看着。看着父亲一动不动地站在一片花树丛中，汤一介不知道这时的父亲在想什么，他在想什么呢？也许是要给他的孩子们更多的慈爱吧！

一周后，汤教授和夫人带着孩子们终于启程离开充满热带风情的美丽城市河内。短暂的河内生活给少年汤一介留下了美好深刻的印象。很多年后，汤一介的记忆中仍然抹不

掉草木繁茂、鲜花盛开的河内,和弟弟妹妹在香蕉树和椰子树丛中的嬉笑打闹以及花树丛中父亲一动不动的身影……

这些美好记忆,更让汤一介忘不了当年母亲为了全家到云南与父亲团聚所经历的一切。因此汤一介后来回忆:"我的母亲能在战时带我们从北平沦陷区,过天津,经上海租界,又经英国殖民地香港、到已为日本兵占领的海防,行程几千里而平安到达,应该说非常不容易。"

□ 3. 中学生的"成长烦恼"

从河内出发,汤教授和夫人又乘上滇越铁路的火车,踏上了河内到昆明的路程。辗转一个多月,分别两年多的一家人终于在离昆明很近的宜良县城安顿了下来。

宜良县城风景秀丽,不仅离汤教授任教的西南联大不远,而且还可以躲避日本飞机对昆明的轰炸。因此西南联大的许多教授都住在宜良。

汤用彤教授在离一座"文庙"不远的地方为全家租了一处房子。虽然与北平南池子缎库胡同大院无法相比,但是在炮火下的云南,一家人能够有住处,有做饭吃饭的地方,还能有汤教授的一间书房,更重要的是,一家人能够团聚在一起,教授和夫人已经是很知足了。

对于少年汤一介来说,最大的快乐就是终于和分别了两年的父亲团聚了。无论是和妹妹一起在父亲的书房里做功课,还是听着父亲用浓浓的湖北乡音为他们吟诵《哀江南赋》,少年汤一介都会从父亲慈祥的目光中感到一股温馨的亲情。

来到宜良不久,小学六年级没有念完的汤一介直接跳级进了宜良中学,从此迈入了人生的又一个旅程。而对于汤一介来说,战争时期在云南的中学生活无疑是令他难忘的。因为除了战争带来生活条件的艰苦外,少年汤一介还经历了一段充满了"成长的烦恼"的中学生活。

受战争动乱的影响,宜良中学的学习氛围比较松散,这让13岁的男孩汤一介愈加贪玩淘气。他会和小伙伴一起逃学到水塘里游泳,去老百姓家里偷吃瓜果。因为不用功写错了字,被老师讽刺了一通后,还被老师打了手板。结果1年后,中学生汤一介在转入西南联大附中时,不走运地成了留级生。

一切还得从联大附中对汤一介的考试说起,由于小学六年级还没有念完时就直接升入了宜良中学的初中,再加上淘气不用功,所以即便联大附中的考试不会超出正常范围,汤一介的考试成绩也一定不会那么如意。因此联大附中对汤一介的入学安排是:"不能插班进入初二,要再读一年初一。"

1年前还是宜良中学从北京来的"跳级"男孩,想不到1年后,"跳级"男孩成了西南联大附中的一名"留级生"。无形中,汤一介的成长道路上又增添了不少"坎坷"。

在宜良中学时,汤一介自认为是个学习不努力的学生,到了联大附中后,因为有些课程已经学过,更引不起他的学习兴趣,学习也就更不用功,结果做了留级生的汤一介在班上还是个中等生。

但实际上,这个时候汤一介的学习状态比他自认为的中等生要好多了。首先他已开始对学习感兴趣,尤其是他最先喜欢的国文课。因为教国文课的老师是冯友兰先生的侄女冯钟云。她的精彩讲述常常吸引得同学们一动不动专心致志,特别是她讲李后主的词,汤一介最喜欢听。

汤一介的数学学习也在这时开始崭露头角，几次考试，汤一介的成绩都名列前茅。这让汤一介很骄傲，他自认为班里数学成绩排名第一的应该是"非汤一介莫属"。但没想到那一个学期，他的数学成绩排在了第二位，第一名竟让一位姓沈的女同学抢了过去。这不由让汤一介郁闷不已，他认为这是老师的"偏心"。

不过在体育方面汤一介还是占有绝对的优势，那一学期，他的体育成绩排在了第一。这不由又让人看到，中学生汤一介可以算是一个全面发展的学生了。

走进西南联大附中的汤一介一天天在成长，比起儿时的内向寡言和1年前的贪玩调皮，和汤一介交往的"玩伴"，已不再是"逃学到水塘里游泳，还偷老百姓家的瓜果"的淘气顽童。

中学生汤一介交往了新的朋友，课外活动也走出了家门，眼界也更加开阔，只不过处在懵懂时期的少年仍难免"爆发"出一些稚气之举。让汤一介最难忘的应该是一次在昆明近郊的"放火烧山"了。

那时汤教授刚刚把家从宜良搬到昆明不久，一家人就住在昆明的近郊麦地村。而闻一多先生的家则住在离麦地村不远的司家营，这样，汤一介和闻一多先生的两个儿子闻立鹤、闻立雕成了好朋友。3个少年上学、回家走在一起，连外出活动都分不开。他们最喜欢的"外出活动"就是被他们称为"探险"的爬山。只不过，他们的"探险"爬山还真的遇到了一次"险情"。

那是暑假的一天，闻立鹤、闻立雕、汤一介，还有一个和汤一介住在一个村子里的云南同学、也是他们形影不离的"铁哥们儿"段成佑，4个少年又准备开始一次他们最喜爱的

"探险"爬山活动。于是,他们把每次爬山必带的火柴、手电筒、水、干粮还有绳子什么的全都装进背包后,就兴致勃勃地出发了。

一路上孩子们有说有笑,他们掰下老百姓地里快要成熟的老玉米,还在长满茂密白薯秧的地头刨出几大块白薯,因为这些都是他们在山上烧烤的美味。想不到就是这些他们"顺手拈来"的"美味"给他们带来了麻烦。

下午的时候,玩兴正浓的4个中学生依然在往高处爬,汤一介觉得这一次好像比以往爬得还要高。但年少的孩子们不知道,山越高风也就越大。在他们点着柴火的一刹那,燃起的火苗把周边的草烧着了,只是一瞬间,大火就在他们的眼前烧起来了。迅猛的火势让孩子们傻了眼,更麻烦的是风助火涨,只见山上的风越刮越大,山火也越烧越旺,汤一介觉得当时那个可怕的景象简直就像是放火烧山一样。

4个中学生立刻撇下一切,拼命往山下跑,当他们终于远离山火,狼狈不堪、疲惫至极地回到家时,天已经完全黑了。虽然惊魂未定,汤一介却不敢对母亲说实话。母亲问他:"这么晚了才回来,做什么去了?"他说:"我和闻家的兄弟俩去爬山,回来时迷了路,所以回来晚了。"

汤一介没有敢把他们在山上一手"制造"的火灾告诉他的母亲,但此后他在心里牢牢记住了那一次他们"兄弟"4人"放火烧山"的"壮举"。

这是一个懵懂少年成长的真实经历,而汤一介更是毫不隐晦地坦言:"如果说小学时的我是个平平常常、很听话的孩子,那么中学时的我可以说是一个学习不好,习惯不好的孩子。"这不由更让我们看到哲学家汤一介一贯率真、坦诚的为人作风。

□ 4. 走近哲学的少年

进入西南联大附中的少年汤一介虽然不如意地留了级，但在这个时期他也有一个最大的收获，那就是他开始走近父亲，了解父亲的研究和著作，并开始对父亲的研究产生浓厚的兴趣。

那个时期，汤用彤教授主要的研究方向是魏晋玄学。在西南联大附中读书时，汤一介看到父亲正在研究王弼思想，他立刻想起在宜良时就曾看到父亲经常阅读的《全三国文》、《全晋文》、《后汉书》、《三国志》等书籍。也是从那时起，原来只看过《三国演义》的汤一介开始看《三国志》，虽然没有全看懂，但他知道了"正史"和小说的不同。

于是中学生汤一介把他对《三国志》和《三国演义》的疑问向父亲提出。比如他会问父亲"为什么《三国演义》中没有王弼？"以及"您写的王弼有人看吗？"之类的问题。这个时候汤用彤教授总是很耐心地回答儿子："王弼不会打仗，也不会用兵，写在小说里，这小说没人爱看。"而对于自己写的王弼，教授则对他的儿子说："贺（麟）伯伯爱看，你不信可以去问他。"

汤用彤教授的回答让少年汤一介的心中燃起了强烈的求知欲望，他真的立刻就找到了贺麟教授。贺麟教授告诉汤一介说："王弼可是一个了不起的哲学家，可惜23岁就死了，研究哲学家的思想可比研究那些帝王将相，像刘备、关羽、诸葛亮、周瑜等等的意义还大。"

听了贺麟教授的回答，汤一介深受启发，眼界立觉开阔了许多,这时他才知道,历史上有所谓"哲学家",而研究哲学家更有重要意义。除了父亲与贺麟伯伯的影响,当时战乱时期的特殊环境也时时在向少年汤一介"传递"着哲学与文化的"信息"。

首先是汤用彤教授当时租住在昆明附近麦地村的尼姑庵中的正殿同时也租给了北大文科研究所,这样正殿里就存放了研究所的好多书籍,其中还有一部《道藏》。而且去西北考察的向达先生的书箱也放在了正殿里面,这些都吸引着爱读书的汤一介。因此当时在正殿读书学习的教授们身边,也经常会出现个子矮小的少年汤一介。

而在麦地村附近就是清华大学文科研究所的战时临时驻地,这里住着闻一多先生和清华大学的一些研究生。著名学者冯友兰和金岳霖教授则住在邻近的龙头村。汤一介经常看到两位先生往来的身影以及他们和父亲汤用彤在一起交谈的情景。后来汤一介才知道,冯友兰先生的《新原道》和《新原人》及金岳霖先生的《论道》大都是在这个时期完成的,因为冯先生曾在序中说,他写这两部书时,有时就要和汤用彤教授讨论。而此时的汤用彤教授则完成了《向郭义之庄周与孔子》、《魏晋玄学流派略论》和《文化思想之冲突与调和》等著作。

从与父亲和贺伯伯探讨王弼到在尼姑庵正殿里读书,从冯友兰、金岳霖两位教授的孜孜不倦到他们与父亲在一起热烈的学术讨论,还有父亲在青灯下的苦读钻研,这些战乱时期的"文化与哲学信息"正在一点一滴地影响着少年汤一介。

与此同时,这个时期汤用彤教授在中国诗词和古文方面对孩子们的熏陶以及对他们进行汤家家训"事不避难,义不逃责"的教育,也都给少年汤一介留下了深刻的印象。

由于和妹妹都在西南联大附中学习,所以每到周末,汤一介和妹妹都会步行往返于昆明和郊区麦地村之间。更多的时候汤教授也会加入到他们的行列,在父子三人同行的愉快时刻,教授总是不忘教他的孩子们背一些诗词和古文。汤一介认为,父亲似乎比较喜欢陶渊明的诗文,所以受父亲的影响,自己也非常喜欢陶渊明的诗文。一直到几十年后,年逾八旬的汤一介仍然最喜欢陶渊明的诗文。尤其是陶渊明的《形、影、神赠答诗》、《五柳先生传》和《与子俨等疏》,汤一介从来都是捧起来爱不释手,读起来如醉如痴。每当读到"纵浪大化中,不喜亦不惧,应尽便须尽,无复独多虑"时,汤一介都会发出无限感慨:这是何等超越的境界!而"北窗下卧,遇凉风暂至,自谓是羲皇上人"又是多么地潇洒!

此外,汤用彤教授也常常会给他的儿女们讲些历史故事。比如《西游记》,汤一介和妹妹虽然都看过,但父亲给他们讲的则是真实历史材料中的玄奘到印度取经的事迹。讲完后,教授还要告诉他的儿子和女儿,中国在玄奘之前还有朱士行、法显,之后有义净、慧超等等的求法故事。

看着孩子们一直专心地听这些历史,汤用彤教授接着对他的儿女说:"你们的祖父留给我两句话:'事不避难,义不逃责',我想这些和尚真是这样。你们现在不会懂,将来也许会慢慢懂。"

"事不避难,义不逃责"一直被汤氏家族视为家训,几十年前曾任过知县的汤霖把汤家这一家训传给了他的儿子汤用彤,几十年后,他的儿子汤用彤又把汤家的家训传给了汤家的下一代子孙。只有十几岁的汤一介并没有完全听懂父亲的这段话,但却留下了很深的印象。后来随着年龄的逐渐增长,汤一介才慢慢懂得父亲传给他的汤家家训的意义。

5. 阅读红色"禁书"《西行漫记》

一转眼,汤一介来到云南已经是第 4 个年头,几年中,一个充满了"成长烦恼"的调皮男孩,经历了"跳级"和"留级"的"荣"和"辱",也体会了学习的收获和快乐,少年汤一介正在慢慢长大。然而汤一介的中学时代还远没有结束,正在成长的中学生汤一介仍然是一个对世间充满好奇和稚气未脱的少年。因此这个时期汤一介和 4 个要好的同学一起阅读红色"禁书"《西行漫记》以及离家出走西去延安的事也就不足为奇了。这是汤一介在云南的中学岁月中最难忘的一段经历,也曾是当年西南联大附中引起"轰动"的一件事。

那是在 1943 年的春天,正在西南联大附中读初二的汤一介和同学游宝谟、曾宪洛、胡旭东以及上初三的余绳荪成了无话不说的好朋友。有一天,余绳荪很神秘地告诉汤一介说,他找到了一本很有意思的书。这一下就引起了爱读书的汤一介强烈的好奇心。而且余绳荪还告诉他,这本书不单有意思,更不容易的是一般人根本找不到,就是找到了,也不能让别人知道,因为这本书讲的是中国共产党和二万五千里长征的故事。汤一介听了,更恨不得马上就把这本书抓到手。

有余绳荪的如此"鼓动",几个好朋友很快就都知道了这本神秘的红色"禁书"。大概是出于共同的好奇心,5 个中学生很快就一致决定,找一个谁都不知道的地方,大家一块偷偷阅读这本书。

在他们的"带头大哥"余绳荪的一通张罗后,几个小兄弟终于在他们租到的一间小屋里聚齐了。余绳荪也终于拿出

了那本神秘的书，汤一介终于看清，这本神秘的"禁书"名字就叫《西行漫记》，作者是一个叫斯诺的美国人。

余绳荪打开了《西行漫记》，开始认真地为伙伴们读书。大哥越读越有精神，小兄弟们越听越上瘾。随着余绳荪手中的《西行漫记》一页一页的翻动，那个美国人笔下的故事也越来越精彩。5个少年不知不觉走进了《西行漫记》，无论是第一次听到的"红军"和"延安"，还是那个漫长而又神奇的"二万五千里长征"故事，似乎都深深吸引了充满幻想的几个"叛逆"者。

回想起当时5个人的如此行动，汤一介觉得当年之所以这样"狂热"，除了对"二万五千里长征"和"延安"的好奇心外，他们几个对当时的西南联大附中训导主任共同的"心怀不满"也是一个主要原因。

当年西南联大附中的训导主任因为同时还兼任着联大附中的童子军教官，所以5个少年经常受到这位训导主任的"训"和"教"，这不仅让孩子们觉得他们受到了不应该的"另眼相看"的待遇，更让他们对这位训导主任兼童子军教官一致"非常不满意"。

年龄相仿，又有共同的好奇心和共同的"憎恶"对象，5个少年更加亲密，也更加对学习不感兴趣。因此不难想象，租一间小楼，读一本别人找不到旷世奇书，对于他们这几个满脑子都是"反叛"思想的中学生来说，真是既新奇、愉快，又有一种说不出的诱惑力。

没过几天，几个男孩子对《西行漫记》就从好奇变成了入迷。为了《西行漫记》，他们甚至经常逃课，从学校偷偷溜出后就一头扎进那间租来的小楼，大家在一起共同分享《西行漫记》的新奇，也在一起幻想。看来，那个美国人的《西行漫记》已经把他们搞得神魂颠倒。

经历了一阵疯狂和幻想后，"带头大哥"余绳荪又开始"鼓动"了。那一天，余绳荪很郑重地对他的小兄弟们说："既然《西行漫记》这样吸引我们，不如咱们亲自去一趟延安，只有看一看，才能知道那里到底是什么样。"

余绳荪的话得到了大家的双手赞成，余绳荪还告诉大家，自己已经看好了地图，出行路线也差不多定了下来。几个小兄弟更加兴奋狂热，恨不得立时拔脚出发，开始那美妙而神奇的"西去之旅"。只不过此刻狂热的"大哥"和"小弟"们似乎都没有想到，他们一心想奔往的延安和他们一直都神往的爬雪山过草地，只凭他们的好奇和幻想，是根本无法实现的。当然他们更不会想到，前面等待他们的，竟是一场"梦和幻想"的破灭。

□ 6. "西去延安幻想曲"

当他们整装待发时，才发现还没有路费。几个孩子想了半天，只有一个办法，就是从家里偷些黄金出来，这样既可以换出钱，又不容易很快被大人发现。虽不太光彩，但为了他们一心向往的西去延安之行，也只能这样了。

于是，汤一介从家里偷了一支金笔、一块金表，还有一个上面刻有父亲汤用彤名字和清华周刊总编辑字样的金牌，游宝谟从家里偷了一副金手镯，其他人也都从家里偷了首饰之类的黄金。

按照余绳荪的安排，几个孩子先把游宝谟拿来的金手镯卖了，接着带上他们简单的行囊，怀着激动和向往的心情出发了。按事先的计划，他们从昆明坐火车来到了红军曾经走

过的曲靖。

几个少年出行的第一站很顺利,因为曲靖距昆明只有120公里。而接下来要到的第二站贵阳,不但路途遥远,而且没有火车。只有一条坑洼不平,弯弯曲曲的贵阳公路。整条公路道路险峻,几乎看不到汽车。想不出什么办法的"带头大哥"余绳荪只得带着小兄弟们开始找"黄鱼"。"黄鱼"就是当地运货的大卡车,只有坐上他们的车才能去贵阳。

好在几个孩子手里还攥着他们用从家里偷来的黄金换来的钱,一辆运盐卡车的司机终于答应了他们。于是几个中学生又开始上路了。

载着5个少年的运盐卡车终于在高低不平的公路上颠簸着开起来了,孩子们的脸上也露出了笑容,大家高兴地说着笑着,全然不知此刻他们离开了1天多的昆明早已被惊动。焦急万分的家人已经开始了对他们的寻找,他们的出走已经传遍了西南联大附中,学校也已经联系了警方……

他们更不会想到,他们心目中无比快乐又神秘而崇高的延安之行,虽不过刚刚走到"第二站",却永远不会走到"第三站"了。

运盐卡车依然在颠簸中前行,孩子们依然兴致勃勃。中途停车休息了,他们就翻身下车,高高兴兴地找饭馆吃饭。吃完饭的少年们愈加精神振奋,在坑洼颠簸的行进和说说笑笑中,运盐卡车载着5个踌躇满志的中学生终于在天黑时安全到达了贵阳。

"带头大哥"余绳荪带着大家走进一家小旅馆,按规矩登记、交钱办完了住宿手续,接着他们就去饭馆吃饭了。底下发生的事,就是几个中学生万万没有想到的了。

肚子填饱了,也有精神了,回旅馆的路上,大家又开始有说有笑了。想不到刚刚推开旅馆大门，就看见几个穿黑衣的彪形大汉齐刷刷地站在眼前，少年们立刻惊呆了。

其中一个张口就问："你们是不是昆明来的？"孩子们还没来得及点头，威风凛凛的黑衣彪形大汉就接着说："余绳荪，汤一介，游宝谟，曾宪洛，胡旭东就是你们几个，没错吧！"这一下几个孩子只能点头承认，因为刚才他们都登上了自己真实的名字，谁让他们是"初出茅庐"呢。

接下来的事就更由不得几个少年了，一个黑衣彪形大汉冷冷地说："你们收拾一下东西，跟我们走一趟！"孩子们好像还不知晓发生了什么事，几个人几乎同时问彪形大汉："让我们去哪儿？"彪形大汉只回答说："到地方就知道了。"

到了这一步，孩子们似乎才明白，他们已经没有选择，余绳荪一言不发地向旅馆的房间走去，4 个小兄弟只得跟在了他的后面。

从旅馆拿着东西到走出旅馆，谁也没说话，一直到彪形大汉们把他们带进了一座大院的门前，孩子们才看见了"贵州警备司令部"的大牌子。黑衣大汉们把 5 个少年关进一间小房子里，在门上加了一把大锁后就走了。

直到这时，几个少年似乎才感到了贵州警备司令部的阴森恐怖。一切都是那么突然，以至于让他们不知如何是好。不过这一刻，他们已开始明白，情况真的很不妙。因为进了这个地方，就表明他们已经被逮捕了，而且糟糕的是谁都不知道这个专门"抓人"的地方会怎样处置他们。

黑夜的沉寂中，余绳荪嘱咐他的小兄弟们，不管他们问什么，都绝对不能说实话。于是大家商量好，就说想去重庆南开中学读书。这样想好了对策，孩子们似乎心里踏实了好多。因为他们知道，只要不说去延安，不和共产党沾上瓜葛，

不提《西行漫记》，贵州警备司令部就治不了他们什么罪。

提起《西行漫记》，大家才忽然想起，那本让他们"神魂颠倒"的《西行漫记》还在他们的行囊中。现在看来，这本书是绝对不能让贵州警备司令部看见的。于是刚刚放下心的几个中学生又开始发慌了，谁都知道，《西行漫记》是当时的国民党统治区明令禁止的红色"禁书"，不说别的，单这一本《西行漫记》就足够贵州警备司令部治他们罪了。

唯一的办法就是不让他们看见《西行漫记》。这时不知道是哪个孩子发现，那间关着他们的小屋地板有好多缝隙，于是他们立刻拿出《西行漫记》，一点没犹豫就开始动手一页一页往下撕，又一片接着一片地塞进了地板缝里。

《西行漫记》终于在少年们的眼前消失了，与此同时，昔日昆明小楼中阅读《西行漫记》的狂热，连同他们那个满是神奇和幻想的"西去延安"之梦，也和几个少年彻底告别了。

第二天一早，果然开始对5个中学生轮流审讯。好在孩子们已经做好了准备。所以任是警备司令部的那个参谋长怎样审问，到底还是什么也没有问出来。无计可施的参谋长又不敢放他们出去，只得把他们继续关在贵州警备司令部的那间小屋里。无奈几个逃离家庭一心向往自由的5个少年只得在贵阳警备司令部的小黑屋里与世隔绝度日了。

一个星期后，贵州警备司令部的小黑屋里突然来了一位"不速之客"，几个中学生立刻认出，是西南联大附中的教务主任魏泽馨。他对孩子们说："我是来接你们回昆明的。"这让失去自由多日的少年们似乎看到了希望。毕竟关在贵州警备司令部里可不是什么好玩的。

第二天，教务主任魏泽馨果然把他们接出了贵州警备司令部，孩子们终于走出了那间让他们"魂断梦碎"的小黑屋。

在接受了当时的贵州省秘书长郑道儒的一通"训话"后,5个少年在那个教务主任和一个穿黑衣的彪形大汉的"护送"下,踏上了返回昆明的路程。

出发时兴高采烈、踌躇满志,回来时却是面色憔悴、疲惫不堪,5个少年此时的心情可想而知。一向谦恭儒雅的汤教授见到他的儿子后并没有责备什么,只是拿出了5个出走学生家长的联名信,家长们在信中对联大附中提出了批评。

5个少年的"西去延安幻想曲"终于成了彻底的"幻想"。几十年后汤一介回忆起来,曾称那一段经历为天真的幻想。因为在当时的抗日战争时期,要想从国民党统治下的昆明奔赴延安,倘若没有当时地下党的安排,那是绝无可能的。

对于汤一介来说没有去成延安也许是一种幸运,或者就是命运,从不相信"命运"的汤一介有时候觉得冥冥之中似乎真的有一双手在支配着每一个人。

想来,也许这真的就是上天的安排,如果当年汤一介去了延安,那么就不会有后来北大哲学系的大学生汤一介,也不会有"一介书生"与北大才女乐黛云甘苦相依的执著爱情,更不会有一个中国出色的哲学家。

□ 7.　在重庆南开中学

5个少年没有去成延安,更觉无颜回到西南联大附中读书。余绳荪和游宝谟、曾宪洛、胡旭东转到了云大附中。汤一介则决定去重庆南开中学读书,因为他的表姐在那里教书,而且当年南开中学是全国最好的学校。但是当时从昆明去重庆最安全的只能是乘飞机,而买飞机票却是很不容易的事。

　　为了儿子的学习,汤用彤教授带着儿子顶着炎炎烈日奔波数日却是一无所获。无奈之下,一向廉洁克己,从不求助别人的汤用彤教授只得亲自找到曾经做过军统头子戴笠老师的毛子水教授帮忙。

　　在毛子水教授的帮助下,去重庆的机票终于买到了手。手中攥着机票的汤一介不由心头一阵阵发热。他知道为了这张机票,父亲付出的太多太多。而已经50岁的父亲因为投入大量心血撰写《汉魏两晋南北朝佛教史》,身体大不如前。他决心到重庆南开中学后,一定努力学习。少年汤一介终于长大,开始懂事了。

　　几天后,16岁的汤一介终于登上飞机,前往重庆南开中学。第一次离开父母的汤一介没有想到,南开中学送给他的第一份"礼物"就是住宿生的艰苦生活。由于战争,处于大后方的重庆老百姓生活都很艰难,相比之下南开中学的集体伙食就更差了。每顿饭差不多都是刚刚吃完第一碗饭,桌上就没有菜了。这对于从小到大一直衣食无忧、没有独自在外生活过的汤一介来说,不得不说是艰苦和磨难了。

　　对于这样"艰难"的伙食,住在重庆的学生大都会从家中带上一些私房小菜,条件差一些的也会带上咸盐和猪油,用来拌上没有菜的大米饭吃。而这些汤一介全都没有,因此从来都是由母亲照顾长大的汤一介更加感到倍受煎熬。

　　生活如此艰苦,学习上的汤一介更是不如意,因为他为自己定的"起点"太高了。在西南联大附中,汤一介刚刚上到初二。而转到重庆南开中学,一心要努力学习的汤一介一下跳到了高一,这样的结果自然是可想而知。因为"跳"的太高,汤一介的学习成绩越来越跟不上,1年后,曾经在班里数学考试排名第一的汤一介,代数考试成绩竟然是不及格,只能留级。2 年前在云南的"跳级"与"留级",又一次在重庆再现,一心想发奋学习回报父母的愿望仍没能实现,汤一介真是苦恼极了。

□ 8. 难忘的《文拓》

虽然生活学习都不如意,但是这个时期创办《文拓》的经历却是汤一介最愉快和难忘的回忆。当年的重庆南开中学校园中有很多学生办的壁报,《文拓》就是汤一介和他的同学张继宁、黎先智共同创办的壁报。3 个中学生虽然学习成绩不理想,却都喜爱阅读并具有很好的文学天赋。他们创办的《文拓》壁报不仅文章短小精悍、笔锋流畅,而且文风犀利,直接指向了社会的不良风气。因此充满青春朝气的《文拓》一直受到南开学子的青睐。

比如看到一些达官贵人在汽油缺乏的战争年代仍然开汽车送子女上学,气愤的汤一介就写了一篇杂文《一滴汽油一滴血》,在《文拓》登出后,立时引起南开中学校园一片反响,达官贵人们也不得不随之有所收敛。

后来,黎先智又想办法找人从美国驻重庆新闻处找到一些国际方面的实事新闻资料进行报道,这些最新的第一手资料更加受到南开学生的欢迎,《文拓》在南开校园的知名度也愈加上升。

但《文拓》的办刊道路也并不是一帆风顺。因为在重庆南开中学有一个规定,校内所有壁报内容必须经教导处审查,这就使得《文拓》的一些带有"火药"味儿的杂文常常被"封杀"。于是《文拓》的创办者们想出了"开天窗"的办法。

他们先把被"封杀"的文章在壁报上写好,再粘上纸盖住并写上"此稿被删"几个大字。结果更吸引了校园内阅读者好奇的目光,大家纷纷撕开"天窗"争相一阅。

《文拓》创刊者们的"小把戏"自然瞒不过南开中学教导处。虽几经训话,但"天窗"依然在开。终于教导处对《文拓》的创办者发出了最后"通牒":"只要再这样搞,就把你们开除!"面对被"开除"的威胁,《文拓》的主人深知会是什么样的后果。特别是汤一介,已经历了离开西南联大附中的风波,这一次倘若被迫离开重庆南开,真不知该如何面对为他辛苦付出的父亲。最后,无奈的《文拓》创刊者只得选择了放弃。曾经在南开中学名噪一时的《文拓》就这样被迫停刊了。

《文拓》是汤一介在重庆南开中学的快乐和光彩,也带给了汤一介美好的回忆。但是一年后,汤一介还是十分不走运地留级了,张继宁也留级了。黎先智虽没有留级,却落得一个"两科不及格"。但是在几年后,几个不走运的少年终于"爆发",以耀眼的光彩绽放在未名湖畔。

1950年,汤一介与好友宁可教授(左一)等。

《文拓》的3个创办者都考入了北京大学。张继宁后来改名岂之,从北京大学哲学系毕业后,他担任过西北大学的校长,后来还一直在清华大学兼任人文系教授。黎先智后来的名字叫宁可,从北京大学历史系毕业后,他在首都师范大学历史系教授中国经济史。后来的宁可教授几十年一直工作出色,是首都师范大学的终身教授。宁可教授不仅是汤一介重庆南开中学、北京大学的同学,更是与汤一介保持着几十年友谊的朋友。

几十年后,宁可教授曾对当年重庆南开中学的汤一介和《文拓》作过如下回忆:

> 重庆南开中学是当年很有名的一所私立学校,有大约 2000 名学生。我和汤一介都是在 1943 年考进了南开中学的高中一年级,当时高一年级分 4 个组,我和汤一介都在高一 4 组。那年我 15 岁,汤一介 16 岁。虽然比我大 1 岁,汤一介的性格却依然活泼浪漫、率真好动,有时还会"爆发"出调皮淘气的"事件"……由于当时南开中学功课紧,很多学生不单是跟不上,而且还有很多学生留级,因此当年在重庆南开中学,学生留级的现象是不新鲜的,我们三个都倒霉,我是两科不及格,又得罪了语文老师,为此受了留校察看的处分,汤一介就更倒霉了,他留了一级,没有别的,就是数学不好。当时的南开中学有办壁报的习惯,一般都是学校给搭一个架子。别的壁报一般都像报纸或者大字报一样,而我们办的则像杂志,文章短小精悍,内容也很丰富,政治、文学、历史方面都有。我们办《文拓》时,还是请的当时中央大学的讲师李长之给提的字。

宁可教授的回忆,不仅非常客观地看待汤一介当年的"留级",也道出了当年那个率真、浪漫又充满稚气的中学生

汤一介的真实面貌。

几十年后,曾在"南开 1946 通讯编辑部"任职的老南开人在 1994 年 6 月重印了当年《南开高中》创刊号,其中"报业剪影"栏目载有《介绍文拓》一文,对当年南开中学《文拓》的真实面貌"历史性"地作了如下记载:

> 去年九月二十二日,《文拓》第一次与读者见面,社员名为五人,实际工作者只有三个人。……《文拓》形式比较特别,内容综合性而稍偏重文学,每期篇幅保持八千到一万字。我们信条是:尽量使内容充实,稿件标准不够,宁可延期,决不敷衍塞责,只图迎合读者的晚报式的文字,《文拓》上是找不到的。因此有人说《文拓》内容丰富,水准很高。这些夸奖我们不敢接受,可是我们总尽力想做到这一点。
>
> 《文拓》缺点太多,可是我们正力求改进,谢谢读者对《文拓》的关切与爱护。
>
> 谢谢美国新闻处为《文拓》寄来了许多宝贵的资料。

□9. 早逝的大哥和大妹

战争年代在云南度过的中学岁月,让汤一介终生难忘,而当年大哥汤一雄和大妹汤一平在昆明的病逝,更是汤一介脑海中抹不去的一段回忆。

1939 年的秋天,汤一介和母亲在奔赴云南的途中时,正

1936年在北平的汤用彤先生一家。前排为汤一介与大妹汤一平,后排为汤用彤夫妇与大儿子汤一雄。

在昆明读书的汤一雄突患盲肠炎而住院,却不料因麻药中毒而去世,一个只有22岁的年轻生命就这样逝去。

面对大哥的突然离去和父母的悲伤,12岁的汤一介几乎无法相信,他最想念的大哥竟已不在人世。心目中,两年前在汇文中学上高中的大哥,总是那么英俊帅气,身上的一身中学生套装也永远是那么干净整齐。聪明的大哥还喜欢捣鼓收音机和摄影,不过最神秘的还是大哥经常拿回家的花花绿绿的传单,而且从大哥的口中,当时只有8岁的汤一介还第一次听到了"革命"和"共产党"几个字。

长大后的汤一介才知道,大哥汤一雄早在1935年在汇文中学上学时就参加了学生运动,后来离开北平随父亲来到长沙时,终于正式加入了中国共产党。由于历史的原因,汤一雄这一段被记录在《北京大学校史》中的真实历史却在很

长的时间里都不曾为汤用彤先生和汤夫人所知。

大哥汤一雄的早逝让 12 岁的汤一介非常难过,他的母亲汤夫人更是为自己没能亲自照顾大儿子而陷于深深的悲痛和自责中。

几年后,15 岁的大妹汤一平也因患肾炎在昆明病逝。正在重庆南开读书的汤一介知道后更是异常悲痛。大妹比汤一介小 2 岁,从小和哥哥一块玩耍,一块上学。17 岁的汤一介无法相信活泼可爱的大妹已经不在人世,更无法摆脱对大妹的怀念。尤其忘不了他们小时候在北平东城的缎库胡同大院一起嬉闹玩耍的情景。无论是在后院小楼一层大厅里滚铁环,还是在院中捉迷藏,或者是去前院听车夫老李讲鬼故事,大妹总是紧紧跟在哥哥的身后。这一幕幕,似乎就在昨天。自从小妹被痢疾夺走生命后,大妹更加得到父母的疼爱。但大妹却从不娇气,且在云南战乱的困难时期,就已懂得帮助母亲分担家务。大妹也很善良,她为自己养的小鸡死亡伤心,并且相信小鸡一定还会活过来。

善良的大妹和全家人一起经历了动乱的战争年代,却没有看到胜利的那一天。

汤一雄和汤一平的早逝,无疑为遭遇战乱的汤家生活蒙上了一层阴影,更是汤一介中学时代抹不去的伤痛。

第三章　在阅读中走入哲学

□ 1. **在昆明的最后岁月**

1945 年 1 月 2 日，怀着失去大妹的悲痛和对父母的思念，汤一介从重庆回到了昆明。两年的时间，一个不谙世事的中学生已长成了英俊的 18 岁青年。看见已经背上书包的小弟弟汤一玄，汤一介立刻想起了两年前纯真懂事的大妹。母亲的目光中还透着一丝忧郁，父亲则一直沉默寡言。汤一介在心里告诫自己，一定要努力学习，不能再给父母增添痛苦。

只是这时的汤一介无学可上，于是他先进入了父亲为他联系的西南联大先修班。紧接着汤用彤教授又为汤一介安排了中国文史和英文课程的补习。因为他担心只上到高一的儿子学不好先修班高三的课程。

汤教授找来了《史记》和《汉书》，他要求汤一介必须坐下来静心阅读，而且要读懂读透。同时，他又请来了钱学熙教授为汤一介补习英语。父亲的关心和周到安排，让汤一介深深感到父亲对他发自内心的关爱。

在父亲的关心下，18 岁的汤一介开始认真阅读中国文

史。而在钱学熙教授的指导下,他的英文也有了很大长进。特别是钱学熙教授的文学理论、文学主张以及亲自领着他朗读原文版的英文小说的做法,都对汤一介当时的学习和人生观产生了很大的影响。

这一年,是战争年代汤一介和家人在云南度过的最后时光,也是中国的抗日战争取得胜利的最后时刻,此时的汤用彤教授和夫人失去爱女的悲痛心情随着时局的变化正在一天天好转,学习渐入佳境的汤一介也开始走出悲观和迷茫。

这年的 12 月 1 日,昆明发生了国民党政府屠杀学生的惨案,西南联大的教师员工罢工,学生罢课,举行了大规模的抗议国民党政府的暴行,这就是历史上有名的"一二·一"运动。

受父亲的影响,汤一介没有参加这次运动,但他和父亲都看到了学生流出的鲜血。由于时局的动乱,此时的汤一介和父亲一样,仍然看不到国家的前途,对国家的未来充满担忧。

□ 2. 初读中国古典哲学

虽然经历了"跳级"的不成功和"留级"的打击,但此时的汤一介已开始大量阅读各类书籍。这除了环境的原因,主要是父亲汤用彤教授对他的引导和培养。

汤一介开始大量阅读最初"起源"于从贵阳被"遣送"回到昆明后,由于那段时间在家等待去重庆南开中学,汤一介很好地利用了这个时间开始大量读书。这时他的阅读范围已不再限于一些情节精彩的各类小说,而是包括中国历史在内的书籍,他的阅读也更加专心。

看到如此专心阅读的汤一介,汤用彤教授不忘适时引导他的儿子,于是他为汤一介拿来了钱穆先生撰写的《国史大纲》,并叮嘱他的儿子说:"这是钱伯伯的《国史大纲》,你一定要塌下心好好读,会对你有用的。"

读过《国史大纲》后,被深深吸引的汤一介开始了解中国的历史,并对中国历史产生了浓厚的兴趣,从此汤一介更加热爱中国历史和中国传统文化。深受《国史大纲》影响的汤一介也对《国史大纲》予以高度评价:"……父亲让我读钱穆先生的《国史大纲》,这本书对我影响很大,它使我了解到我们国家有着悠久、丰富、辉煌的历史,特别是钱先生对祖国历史的热爱之情跃然纸上,使我十分感动,这种态度可能对我以后爱好中国历史和中国文化有着非常大的影响。"

完成了《国史大纲》阅读之后,汤一介又把重点转向中国古典诗词。比起在西南联大附中对冯友兰先生的侄女讲李后主词的痴迷,此时的汤一介更喜欢阅读陶渊明的诗文。这自然源于父亲的影响,除了父亲曾教过的陶渊明的诗文外,汤一介还背下了陶渊明的"采菊东篱下,悠然见南山"、"此中有真意,欲辨已忘言"、"问君何能尔,心远地自偏"、"北窗下卧,遇凉风暂至,自谓是羲皇上人"、"流观山海图,泛览周王传"等等。这些充满田园风光的陶渊明诗文都曾让汤一介无比陶醉。

受父亲的影响,汤一介在麦地村就已经像父亲一样用湖北乡音吟诵《桃花扇》中的《哀江南》和《哀江南赋》。可以说,这个时期无论是陶渊明的诗文,还是父亲最爱吟诵的《哀江南》和《哀江南赋》,都在潜移默化地影响着汤一介的性格。爱自然、爱自由的因子以及一个年轻人在国难当头之际为国

家前途担忧的一种悲凉心境,正在汤一介的身体里逐渐增长。

在重庆南开中学留级以后,因为学习不紧张,也让汤一介有时间多读书,由世界名著到中国古典哲学著作,他的阅读涉猎面也更加广泛。比如托尔斯泰的《战争与和平》、《复活》、《安娜·卡列尼娜》,陀思妥耶夫斯基的《卡拉马佐夫兄弟》,屠格涅夫的《父与子》、《罗亭》以及契诃夫的短篇小说。这些俄国小说不仅让汤一介非常喜爱,更深深影响了汤一介,尤其是托尔斯泰的"人道主义"精神及托尔斯泰对信仰的坚贞,都让汤一介深受感动。

就如汤一介曾回忆的那样:"……特别是读了托尔斯泰的《战争与和平》更加深了我对人道主义的了解,我很喜欢书中的皮埃尔,他的善良深深地打动了我。还有安德烈亲王在战场上受了伤,躺在战场上,他看到了一朵白色的小花,产生出善良的爱心和对生命的珍惜之情以及对他人的同情心等等,这样一些美好的人的品质使我向往。于是'同情心'和对生命的热爱凝聚于我心中,几乎影响着我的一生。"

此时南开中学的国文课已开始学习《孟子》的一些篇章,汤一介又开始阅读《论语》、《孟子》以及《老子》、《庄子》等中国古典哲学著作。虽然对一个中学生来讲,这些阅读只能使他对这些著作有一个初步字面上的了解,对其中更深奥的意义还没有领悟,但这已是中学生汤一介学习中国古典哲学著作的开端。

从重庆南开中学返回昆明在家中等待的日子里,也给了汤一介更多的阅读机会。虽然由于父亲收藏的佛典在战时运往云南的途中大量流失,家中的佛典已比战前北平缎库大院的家中少了许多,但家中毕竟还是有些书的。汤一介最先阅读的是一本名为《妙法莲华经》的佛书，虽然觉得很生疏，但既是父亲那样潜心研究，那么佛教的人生哲学一定颇有深意，汤一介决定自己阅读这本《妙法莲华经》。他找到父亲说："我想读一些有关佛经方面的书，您看我能不能读读这本《妙法莲华经》？"

汤教授没有想到，他的儿子这个时候就有了阅读佛书的欲望。他很意味深长地对汤一介说："你可以读，但我看你读不懂。"

汤一介还是捧起了《妙法莲花经》，他不相信自己像父亲说的那样读不懂这本佛书。但父亲没有说错，汤一介真的几乎是一点都看不明白，怕面子不好看，他硬着头皮接着看，结果还是像父亲说的那样，什么也没有读懂。最后只得放下了《妙法莲华经》来到父亲跟前。

汤教授对他的儿子说："做学问、读书要循序渐进，你可以先看熊十力先生的《佛家名相通释》，把佛学的一些概念搞清，再读佛书也许好一些。"

按照父亲的话，汤一介找来了熊十力先生编著的《佛家名相通释》后开始认真阅读。也许是还没有迈进"佛书之门"，《佛家名相通释》仍然让汤一介觉得如看天书一般。但是执著的汤一介没有气馁，他没有像上一次那样"撑着"往下看，而是带着不懂的问题一遍又一遍地去向父亲虚心请教。

虽然不懂的问题很多，但是每一次汤一介找到父亲提问时，汤教授从来都是有问必答，一遍又一遍地为儿子讲解，从不厌烦。这让汤一介又一次体会到父亲从心底里对他的关爱深情，牢牢记在了心里。因此后来他曾回忆说："我认真读了熊先生的《佛家名相通释》，可由于此书写得也很难懂，我不得不常请父亲解释，他多是不厌其烦地给我讲解，这是父

亲第一次为我一个人讲书。"

从喜爱读书,到大量阅读中国古典哲学等各类书籍,汤一介已经从一个彷徨的少年成长为一个逐渐走近哲学、有头脑的热血青年。

对于在云南和重庆南开这一时期的中学经历,汤一介后来称之为"没有拿过小学和中学毕业的文凭"。并回忆说:"……有一些学生很聪明,可以跳级;如果我很聪明的话,也可以跳级。我没有跳级成功,足见我不是一个很聪明的人。记得父亲曾讲过,第一流聪明的人,如果不努力的话,就连第二流的成就都达不到;而第二流聪明的人如果努力,是可以取得第一流成绩的。我努力了,但是我不敢说我是取得第一流成绩的人。"

□ 3. 对"生死"的感悟

这个时期的汤一介,对人生的理解也在一天天成熟。比起十几年前 6 岁时的汤一介对"生死"的发问,可以说,此时的汤一介面对人生已经开始了对"生死"的感悟和对人生的意义探讨。

十几年前,儿时的汤一介曾经历了小妹的死亡,后来大哥和大妹又在云南被疾病夺走了生命。特别是大妹的病逝,更让汤一介开始重新面对人生。

汤一介对"生"和"死"的感悟是在中学的学习和生活的伴随下成长起来的。比如对于"生",是在学习了"生理卫生"课的知识后,他开始懂得,这种"生"是不同于小时候母亲对他"你是从我的肋下生出来的。"的回答。而在中国,之所以父母这样对幼小孩子讲"生",是因为他们觉得这是男女之间的"不洁"之事。汤一介认为,这种思想大概是由长期的民间风俗习惯所形成的,但也可能与儒家的礼教影响有关。

阅读了越来越多的书以后,汤一介知道了更多的关于"生"和"死"的故事,比如基督教关于上帝创造人的故事,佛教关于"轮回"的思想以及儒家和道家对生死不同的态度等等。

通过阅读,汤一介了解到,中国历史上有"圣人皆无父母,感天而生"的传说,讲的是伏羲氏是由他的母亲踏到了一个大脚印而受孕出生。而帝尧的"感生"故事则说的是帝尧的母亲由于感受到雷电而使尧诞生。还有关于黄帝、老子、真武大帝、魏存华(女仙人)都有"白日升天"或死后到天上世界的故事,还有佛家主张的"来世""轮回"和道家宣扬的"长生不老"等,这些通过阅读看到的儒家、佛家和道家的故事,都是中学生汤一介在哲学研究道路上迈出的最初步伐。

而当时汤一介和大妹对于一只死去的小鸡的悲伤,则让他感到,"再生"的观念早已植入他们的伤心之中了。这种"再生"的观念可以说在他们更小的时候就已经有了。比如当年在北平汤家的车夫老李给大院的那些孩子讲的那个秀才死了又"再生"的故事。这个见于《聊斋》的故事应该是受了传入中国的印度佛教"轮回"思想的影响。因为在中国古代大概是没有"再生"、"转世"这类观念的。

大妹关于"再生"的问题,虽然是个幼稚可笑的问题,但却涉及到了中印文化之不同,可见小孩子的问题中也可以有大学问。大妹的死,让汤一介更有一种孤独的忧伤,因为汤一介已经知道,大妹不会"再生",就像花草一样,今年开的花、长的草枯死了,到明年再开的花、长的草已不是原来的花草了。

□ 4. 在阅读中长大

汤一介的写作才能也在这个时期开始爆发,他最先完成了一篇《论善》。对于中学生汤一介来说,饱含对生命热爱激情的《论善》虽不是他创作的第一篇作品,却让我们看到,从少年跨入青年时代的汤一介受儒家思想的影响正在逐渐成熟,这也标志着汤一介在哲学研究的道路上又向前迈进了一大步。

虽然《论善》早已佚失,但汤一介在作品中阐明的"珍惜自己的生命是为了爱他人,'善'就是'爱',人活着就是为了'爱他人'"的主旨,他是不会忘记的。汤一介曾回忆说:"但这时我对'爱'的理解是那么地抽象,它实际上是从爱自己的生命出发的'爱',它并不是真正的'博爱'。"

《论善》完成后,汤一介仍然不断地阅读、学习和思索,对"善"和"爱"的抽象理解也逐渐具体。他的读书兴趣和阅读重点也开始转向宗教和带有宗教意味的文学作品。比如《圣经》和佛经里的故事,带有宗教道德气味的法国作家纪德的《窄门》,罗曼·罗兰的小说《约翰·克利斯朵夫》和《搏斗》,还有罗曼·罗兰的传记作品《贝多芬传》、《托尔斯泰传》和《米开朗琪罗传》等。

这些宗教书籍主张的"爱"和带有宗教意味的书籍宣扬的"人生苦难",无疑都深深影响了汤一介,因而在心中一直满怀对人类"善"和"爱"的汤一介又增添了许多"人生苦难"的忧患。

汤一介这种"忧患意识"思想的成长过程,应该说也离不开家庭和社会环境的影响。祖父汤霖"事不避难，义不逃责，素位而食，随时而安"的家训，一身"美国留学的儒学之气"的汤用彤和出身望门大族的汤夫人，无疑让汤一介从小就受到儒家思想的深刻影响。而少年时期经历的战争动乱和亲人离去的悲哀，更让性格内向的"大孩子"汤一介感受到"人生无常、世事多变"的悲情。

从感悟人的"生"和"死"，到感受"善"与"爱"以及充满同情心的"人生苦难"的忧患意识，可以说这一时期的学习和生活是汤一介步入哲学殿堂的最初历程，这更让我们看到，汤一介能够走上哲学研究的道路，成为一代著名哲学家亦绝非偶然。

汤一介称自己这个时期思想的成长过程是以某种儒家的思想心态接受西方思想。因为这时的汤一介虽还没有系统学习儒家思想，但他认为，孔子所追求的"天下有道"的理想，孟子的"富贵不能淫，贫贱不能移，威武不能屈"的大丈夫精神以及后来一些宣扬"视死如归"的"杀身成仁"和"舍生取义"气节的儒家思想对自己潜移默化的影响是很大的。

而接受了儒家思想的汤一介自然会被《贝多芬传》中那段担当人生苦难的话深深感动，故汤一介评价当时的自己仍是"以某种儒家思想心态受西方思想之例证。"

在国难家难面前，充满悲情的汤一介更从心中激起一种"悲天悯人"的感情。但成长中的汤一介已经认识到，这种感情更可以化为中国儒家所提倡的"杀身成仁"、"舍生取义"的"生死观"和一种承担"人生苦难"、济世救人的理想的力量。

而汤一介也从这种儒家提倡的"济世救人"思想中对人的"生"、"死"、"爱"有了新的认识和提高。不难看出，从少年走向青年的汤一介在思想中已经肩负起了历史使命感和社会责任感。对于这一时期的思想感受，汤一介曾作过这样的回忆：

　　我那时认为,我来到这个世界上,活着就应有一种使命感,应对社会负责任。如果一个人不甘于平庸凡俗,自然要担当起苦难,所以中国有所谓"生于忧患,死于安乐"的说法。从古至今有儒家精神的仁人志士都是对自己国家民族的兴衰和人类社会的幸福十分关怀,往往有一种自觉不自觉的"忧患意识"。这种"忧患意识"不是为着一己的小我,而是为着国家民族的大我,因此可以为着一个理想的目标,舍生忘死。在这个时期,我常问自己,"为什么活着?"我很自然地回答:是为了爱人类、爱国家、爱民族而活,并愿为之而奋斗。当然,我那时的这些想法都是空洞的、没有实际内容的,甚至可以说是十分幼稚可笑的。但这些思想感情对我一生说仍然是宝贵的,因为它无疑是我们中国人传统思想文化中应受到珍视的一部分。

　　在阅读中成长的汤一介已经长大,他"为了爱人类、爱国家、爱民族而活,并愿为之而奋斗"的思想一天天成熟,而"大孩子"汤一介在动乱的战争年代的中学岁月也即将结束。

　　1945年8月,中国的抗日战争终于取得了胜利。即将结束中学学习准备考大学的汤一介感到无比振奋,一直记于心间的历史使命感和社会责任感,一直在心中澎湃的"为人类、为民族、为国家而奋斗"的理想激情,都让汤一介对未来充满了希望和期待。他幻想着祖国将会有一个光明美好的明天。

第四章 和北大一起成长

□ 1. 走进北大先修班

1946年夏,历经周折,汤用彤教授终于偕家人从昆明取道重庆回到北平。此时的汤用彤教授虽没有他的儿子汤一介那样"激情澎湃",却是毅然放下手中一直急待完成的《隋唐佛教史》,接受了傅斯年先生力邀他返回北平协助北京大学复校工作的邀请。回到北京的汤用彤教授很快投入到了北大复校的工作中。与此同时,立志努力读书的汤一介也终于正式成为北大先修班的学生而走进北京大学。

比起几年前在云南和重庆南开中学时曾经调皮逃学、离家出走,欲奔往延安的那个近乎"叛逆"的中学生,19岁的汤一介已经是一个成熟稳重、风华正茂的青年。在同学们的眼中,他性格内向、热爱学习、努力向上,是一个积极准备升入北大的好学生。

先修班的学习是紧张的,汤一介在学习完先修班的课程后,依然继续阅读大量的外国文学名著。他的阅读范围则更扩大到文学理论、美学、哲学等方面的书籍。最初他从朱光潜先生的《文艺心理学》开始,接着阅读的是朱光潜先生编著的

《谈美》和《谈文学》。

这以后汤一介又找到了朱光潜先生翻译的克罗齐的《美学原理》一口气读完。这本来自西方的美学丛书一下引起了他的学习兴趣,从此他的知识面又丰富了许多。紧接着,汤一介又开始阅读《圣经》中四福音书的那一部分,受《圣经》的影响,汤一介又继续读了奥古斯丁的《上帝之城》(City of God)。

由此可见,一向热爱阅读的汤一介在学习之外仍然大量阅读文学和哲学著作。不同的是,此时的汤一介的阅读兴趣已经从中国的哲学和文学转到了西方的哲学和文学。而西方哲学中有关人道主义的观点也在逐渐影响着汤一介对人生的探讨和研究。

在这些西方哲学思想的影响下,完成《论善》之后,汤一介又写出了《论死》、《论人为什么活着》等文章。这些作品虽是青年时期的汤一介探讨人生意义的早期哲学研究的文章,但文章的主题却是年轻的汤一介在哲学研究上的一个更加深邃的探讨。可以说对当时的年轻人是很有冲击力的,只可惜汤一介这些早年的习作全丢失了。只有邓广铭教授的女儿邓可蕴、也是后来在几十年中一直把汤一介视为兄长和老师的好朋友,她不仅认真读过汤一介的这些作品,而且把作品中大段的内容抄写在自己的日记本上。

当年在汤一介居住的东厂胡同大院中,邓可蕴还是一个比他小好几岁的初中学生,几十年后,汤一介曾问起邓可蕴是否还保存有她当时的日记,可是由于经历的年代太久和社会变故等原因,邓可蕴当年的日记本早就丢失了。

这个时期的汤一介也写过一些散文,幸运的是,其中有两篇分别题为《流浪者》和《月亮的颂歌》的文章曾刊登在当时的《平明日报》上,而且其中那篇题为《月亮的颂歌》的散文得以保存下来。散文有3段,第一段写的是"有月亮的日子",第二段写的是"没有月亮的日子",第三段的小标题是"我也不知道是什么日子的日子"。散文的第三段内容是这样的:

> "春天骤雨的声音,
> 在闪烁的青草上,
> 惊醒了花朵,
> 它们永远是
> 快乐、清新、鲜美,
> 而你的声音是远过于这些。"

我唱了雪莱的这首小诗,好像走在提琴的弦上,弦振动,摇撼了我的心灵。

大海里的水忘情地奔腾,不知道为的是什么?但。看见了灯塔的弧光,也就探得了人生的意义。诗人说人生如梦幻,这简直是嘎嘎乌鸦的叫声,与自然多么不和谐。可我却想说,人生是灯光一闪,这毕竟能留下一点痕迹,在那些"不知道是什么日子的日子",我许下这个愿:

"去看那看不见的事物,去听那听不到的声音,把灵魂呈献给不存在的东西吧!"

这也许是为着留下一点痕迹罢了!

现在我真想把"不知道是什么日子的日子"改为"不知道有没有月亮的日子",把"这也许只是为留下一点痕迹罢了"改为"这也许是为着留下无痕迹的痕迹罢了"。

先修班的一年,无疑是青年汤一介不断学习和取得收获的一年。

□ 2.《文拓》复刊

如果说北大先修班在学习和思想上都带给了汤一介巨大的收获，那么在重庆南开中学遭到"被迫停刊"的《文拓》在北大校园复刊，则是汤一介在北大先修班最难忘和愉快的经历。

北大先修班就设在当时国会街北京大学的第四院，即原来的"国会议院"。来到北大第四院不久的汤一介即萌生了复办南开《文拓》的意愿。而他的想法也立刻得到了和他一起进入先修班的黎先智及原来重庆南开中学几个同学的支持。在他们的共同努力下，曾在千里之外被迫沉寂的《文拓》终于在北大校园复刊了。

复刊的《文拓》仍以散文为主，并恢复了副刊《仙人掌》，既取仙人掌有刺之意，又不失《文拓》历来之犀利文风。而汤一介此时则写出了篇幅较长的《美学研究之种种》在《文拓》以连载方式登出。

当年北大先修班《文拓》成员，前排右二为汤一介。

北大四院的《文拓》还常常举办各类年轻人喜爱的活动。比如请教堂的神父辅导英语会话,举办西方古典唱片音乐欣赏晚会,在北大四院礼堂举办400多人参加的音乐会,为同学们举办诗歌朗诵会等。《文拓》举办的这些活动非常受欢迎,特别是汤一介在诗歌朗诵会上为大家朗诵的《哭亡女苏菲》,更是深深打动了台下的听众,以至于朗诵会后,很多同学都找到汤一介向他要这首诗。

北大四院的《文拓》还有一个很有影响的活动就是请来名人学者和教授为大家作报告。这其中包括:西语系的冯至教授为同学们讲歌德,徐炳昶教授讲中国古代社会,废名教授讲阿赖耶识,许德珩教授讲社会学及空想社会主义等。学者们的精彩演讲以及"名人效应"更为北大校园的《文拓》丰富有趣的活动增添了无限的光彩。

受国内形势的影响,当时的北大学生也有国民党和共产党两派,这也使没有明显立场的《文拓》受到两面夹击。因此,《文拓》虽无限"闪光",却也有"校园内国民党方面学生的攻击和共产党学生的看不起"之"不如意"。

随着北京大学学生运动的日渐高涨,汤一介和《文拓》的成员终于改变了"不明显"的立场,他们后来全都坚定地参加了学生运动,这样,《文拓》也随之在北大第四院自动停刊了。但是,《文拓》又一次闪耀的光彩以及和《文拓》共同在北大四院走过的岁月却深深留在了汤一介的记忆中。

3. 积极投身政治活动

在北大先修班对哲学研究新的探讨和突破以及《文拓》

的复刊,是汤一介的收获。而"积极投身政治活动"则是这个时期青年汤一介在成长道路上的最大改变。在这之前,受国家形势和父亲的影响,成长中的汤一介虽已对国家和人民负有一种历史使命感和社会责任感,但他仍然对政治不关心。而直接导致汤一介改变政治立场的,即是当年震惊全国的"沈崇事件"。

1946 年 12 月,北平女学生沈崇在东单广场遭到了美国士兵的强奸。这一屈辱事件立刻震动了全国。一向对政治不关心的青年汤一介更是受到了强烈的冲击,因为沈崇就是北大先修班的学生。

"沈崇事件"立即引起了北平城大规模反美活动的爆发,走上街头游行的人们一致要求严惩肇事的美国士兵。汤一介也走出校园,加入了北京大学反美游行的队伍。

情绪高涨的北大学生在大规模的游行后,又来到东单广场开始静坐示威。在一片"美国人滚出中国"、"打倒美国佬"和"严惩凶手"的口号中,汤一介看到一个同学正在教大家用美国国歌改编成的歌,歌名就叫"滚出去洋禽兽"。在口号和歌声中,汤一介更加激情振奋。从此,汤一介的思想发生了变化,他开始关心政治,并积极参加了一系列罢课游行的学生运动。

1947 年冬天,在国内革命形势日渐高涨的影响下,积极参加政治活动的汤一介被选入北大学生自治会。不久他又和黎先智参加了共产党的外围社团组织"腊月社"。他们每星期聚会一次,在一起阅读《反杜林论》等进步书籍。后来"腊月社"把聚会地点搬到了汤一介在东厂胡同大院的家里。却不想由于读书、开会的活动频繁,引起了国民党特务的注意。这件事被当时的北大校长胡适知道后,就让他的秘书通知了汤用彤教授。得到消息的汤一介立即和北大学生偷偷把有可能引起麻烦的书籍装在两个麻袋里从东厂胡同大院的小门运到红楼去了。

从一个不关心政治的读书青年到参加共产党的外围组织,到置身其中积极参加政治活动,政治思想逐渐走向成熟的汤一介已经把自己的学习、理想和祖国的未来紧密连在一起。

☐ 4. 北大哲学系的勤奋青年

1947 年暑假后,汤一介正式升入北京大学哲学系。从此开始了他刻苦拼搏、辛勤耕耘的哲学研究之路。

比起几年前就已阅读中国古典哲学并"想要好好地来了解这样一个哲学世界"的少年,走进北大校园的汤一介在阅读和对哲学的探索方面都已更加丰富。此时已经阅读了大量英国文学作品的汤一介受钱学熙教授的影响,又对英国文学批评产生了浓厚的兴趣,通过阅读,他更认识到,要学好西方哲学和英国文学批评史,首先必须学习哲学。

这以后,努力学习的汤一介仍然在大量地阅读,读书重点则几乎完全转向了哲学。他先后读完了冯友兰的《中国哲学史》、范寿康的《中国哲学史》以及父亲汤用彤的《汉魏两晋南北朝佛教史》等。对这些中国哲学家的名著,汤一介还认真记下了读书笔记,撰写了文章。

这些笔记和文章,汤一介至今还保存着一部分,于今而言,它们无疑是宝贵而有意义的。因为这是哲学家汤一介在60 多年前步入哲学研究最初历程的真实印记。

这个时期汤一介对西方哲学的喜爱和研究也更为突出，最具代表的则是他撰写的两篇文章。在其中一篇题为《对维也纳学派分析命题的一点怀疑》文章中，汤一介对洪谦先生否定"玄学"和冯友兰先生认为"玄学对实际无所肯定"的观点都给予了批评。冯友兰和洪谦都是当时著名的学者教授，因此不得不说，无论是当年那个北大哲学系一年级大学生的直言，还是他的哲学观点和理论水平，都是令人佩服的。

而北大哲学系著名教授贺麟先生对汤一介另一篇文章《论内在关系与外在关系》给予的评价是："认为柏莱德烈所谓内在关系仍为外在关系，甚有道理。对内在关系的说法，亦可成一说，但需更深究之。"贺麟先生的评语虽字数不多，却充满了对他的学生汤一介的赞同和鼓励。更让我们看到，青年汤一介的哲学才华已经初显锋芒。

有关对西方哲学方面的学习，汤一介曾这样回忆："相比之下，我仍然对西方哲学似乎更有兴趣……另外哲学系还有两门课'英国经验主义'和'欧洲大陆理性主义'，这两门课对我了解西方哲学的方法有很大帮助，由于要读英文本的著作，不仅使我对西方哲学的名词概念比较熟悉了，而且大体上知道西方哲学的传统问题。"

不难看出，当年北大哲学系一年级的大学生能够写出西方哲学关于"内在关系"与"外在关系"的精辟论述，是与他对西方哲学的深入学习和研究分不开的。

与此同时，汤一介还选修了大量外系的课程，如俞大缜先生用英文讲课的"英国文学史"，朱光潜先生的"英诗"，冯至先生的德语快班，梁思成先生的"中国古代建筑史"等。特别是中文系杨振声先生的"西方文学名著选读"，从荷马的史诗、希腊悲剧、但丁的《神曲》，一直到莎士比亚的戏剧，这些全部英文版本的著作,汤一介考了85分,得了全班第一名。

这同样让我们看到,初显哲学才华锋芒和学习天赋的青年汤一介,虽然刚刚走入北大哲学系一年级,却已开辟了一个更为广阔的学习天地。

1948年暑假后,升入哲学系二年级的汤一介来到了北京城东的沙滩上课,汤一介也从此结束了北大四院的生活。

5. 道家、佛家思想冲击下的彷徨

这个时期的青年汤一介,虽已走进北京大学,踏上了哲学研究的道路,但受当时混乱动荡的国内局势影响,满怀爱国激情的青年汤一介仍看不到国家的前途。在失望中,他愈加悲观。而在这种悲观的情绪中,一直受儒家思想影响较深的汤一介无形中又受到中国道家和佛家思想的冲击。

对于这个时期道家思想的影响,汤一介认为,理想和抱负的破灭让他看到,现实与理想追求相差甚远,这也使得知识分子具有的两种矛盾性格在自己身上更为凸显。一般知识分子都具有强烈的社会责任感和顺应自然的避世逍遥思想,而且随着环境和个人的机遇而体现不一。因而这个时期看不到国家前途的汤一介非常喜欢阅读具有道家思想的陶渊明的诗。尤其是《形、影、神赠答诗》中"纵浪大化中,不喜亦不惧,应尽便须尽,无复独多虑"的诗句,汤一介认为,陶渊明的这种思想对自己"一生的人生态度和'生死观念'都或多或少、或隐或现地有着影响"。

在《庄子》一书中记载的关于"生死变化"的故事中,庄子认为生不过是气之聚,死不过是气之散,都是一种自然现象,

没有什么可悲伤的,对生死问题应该取"生时安生,死时安死"的态度。而像"生死"这样的变化,可以说是人生中最大的变化,如果能对这种最大的变化不以为意,那么就可以得到精神上的自由。所以在《逍遥游》一篇中,庄子认为,人不必去管那些自身以外的事,这样才可以逍遥游放于自得之场。

庄子这种只追求自身的逍遥游放"顺应自然"的人生态度,也在影响青年汤一介,因此这时对"生死"采取不在意、顺乎自然的态度,只取得一种精神上的自由就满足的汤一介就很少再去考虑如何改造社会以及人类前途命运的大问题。

而这个时期佛家思想也同样在影响着青年汤一介,这其中自然离不开研究中国佛教史的父亲。汤用彤教授完成了名著《汉魏两晋南北朝佛教史》,家中更收藏了相当数量的佛教书籍,这种环境下,汤一介虽然对涅槃学、唯识学等深奥的佛学理论没有掌握,但对佛教的基本观点和一些对中国社会有影响的佛教思想还是接触比较多的。

佛教讲"人生无常"、"人生如一大苦海",人生有"八苦"以及"轮回"等,这些汤一介虽不完全相信,但他看到由于战争给人民带来的生离死别和悲惨苦难就发生在自己的身边,这又让他相信佛教所说的"人生如一大苦海"是不无道理的。而一些社会现象,似乎又可以用佛教的"轮回"之说解释。

由此可以看出,这个时期受到中国道家思想和佛家思想影响的汤一介在理想和追求中是矛盾和彷徨的,而当时历史环境的影响是不可否认的原因。因此,青年汤一介的彷徨,也体现了当年大部中国知识分子在矛盾的心境中的真实面貌。

这时汤一介的心中,既希望自己有一个像庄子那样逍遥游放的自由自在的精神环境,又因为总是感到自己对社会无所作为而苦恼,因此汤一介经常在心里问自己:"我真的能不管世事而逍遥吗?""我真的能如庄子那样把死看成是一种休息吗?"

这又让我们看到,身处灾难年代的青年汤一介虽受到佛家和道家思想的冲击,但仍然抹不去身体里爱祖国,关心国家命运,报效祖国的激情。

□ 6. 对人生的真诚追求

1947年暑假后,汤用彤教授赴美国加州大学(贝克莱)教书。这让汤一介更自由地在家中阅读到佛教书籍。但佛经书很难读懂,比如一本名为《般若波罗蜜多心经》的佛经,虽只有短短的二百余字,注释却有几十种,可见非同一般。

后来虽经再三苦读,汤一介却仍未解其中真谛,只知经文主旨是在证"一切皆空"。但从这4个字中汤一介却认识到,如果"一切皆空",那么"苦"是不是也是"空"呢? 如果"苦"是"空",那么"八苦"对人来说也就没有意义了。这样佛教所谓的"人生是一大苦海"的命题就很难成立了。

汤一介由"苦"又想到人的"生"和"死",比如死去的人或许是脱离了苦海,但活着的亲人则会痛苦。像大妹的死,汤一介很长时间都处在对她的思念之中,有时甚至想着能在梦中与她相会,但一次也没有这样的梦,这难道是"求不得苦"吗?

汤一介也读了中国佛教禅宗的《坛经》,虽然看似比《般若波罗蜜多心经》好懂,但它的神妙奥义,以当时年龄的汤一介还是难以了解的。比如对禅宗的"无念为宗",汤一介认为,你不去想它那就什么对你都没意义了。后来他认识到,

其实这是对禅宗的误解。人怎么能什么都不想呢?

　　而此时汤一介的思想中仍然深藏着儒家思想的影响,他认为人生在世,不能只求自己从"苦"中解脱出来,而应关注世事和他人。因此,"生死"问题并不是人生中的大事。只有对社会尽责,对人类做出贡献才更重要。因而此时的汤一介已经是在不自觉地站在儒家立场上对佛教提出某些也许不是问题的疑问。

　　汤一介那篇《论死》的短文就是在这时完成的,虽然这篇短文已经佚失,汤一介也称它为当年的"一篇年幼无知的浪漫幻想曲",但青年汤一介却以火一般的热情写出了这样的篇章:"我当时自以为,我之生是为别人而生,死也应为别人而死。人活着就像燃烧的蜡烛一样,它可以燃烧发出小小的火光,这样只能照亮自己,至多可以照着周围很小的空间了;但蜡烛也可以烧得很旺,火光大大的,这样就可以照亮很大的空间,给别人欢乐和幸福,而快快燃烧完,以我的消失而有益于他人,减轻别人一些痛苦。"

　　文字虽不多,却让我们看到一个满腔热血的爱国青年决心报效祖国、拯救人类而勇敢面对生与死的胸怀和对人生最真诚的追求。汤一介则称这时的自己"虽然受到了一些来自中国道家和佛家思想的影响,但在头脑中已经确立了深受浓厚的儒家思想影响的'生死观'。"

　　那个时期有一本青年人爱读的杂志,就是朱光潜先生主编的《文学杂志》。其中第三卷第三期刊载有诗人林庚写的一首诗,题目叫《生》,大学生汤一介看到后,立刻拿来阅读。读过以后,他觉得林庚对"生死"问题并没有彻悟,于是在《生》的一侧写下了一首小诗《死》。看起来,这个北京大学哲学系的学生似乎有些"狂妄",但这样的"狂妄"无疑来自青年汤一介的哲学天赋和他勇于面对人生、对"生死"的积极探索。还是让我们阅读一下诗人林庚的《生》和大学生汤一介对应《生》而创作的小诗《死》，也许只有亲身的感受才能够让我们更好地了解青年汤一介那带有浓厚儒家思想的"生死观"。

生

我们活着我们都为什么
我们说不出也没有想说
今年的冬天像一把刀子
我们在刀里就这样活着

明天的日子比今天更多
春天又来了像一条小河
流过这一家流过那一家
春天的日子像是一首诗
我们的思想像一个广告

死

（一）

第一天我认识了死亡
就像母亲生我真实一样
没有半点踌躇
我接受了这个现实
把它安置在应有的位置上
这样
我开始了生活
我长大　我变了
终不能毫无介意
因为我知道了它的结局

63

（二）

谁带给我一阵欢乐

难道死亡是痛苦

谁不信

春天死了

来的不是夏日

母亲生我

在世上必增加一座坟墓

☐ 7. 以儒家思想为基础的"生死观"

对于这一段探索人生的岁月，汤一介曾经这样回忆："我读了很多书，中国的、西方的、印度的、古典的、现代的、哲学的、文学的、宗教的等等。我思想过种种问题，除了'生死'问题之外，我还考虑'宇宙是有限的，还是无限的'，'灵与肉是矛盾的，还是和谐的'，'真善美是对立的，还是统一的'，而我想的最多的是'爱'的问题，我为'爱'而生，我也愿为'爱'而死，我'爱'一切善良的人。"这是汤一介求知欲最旺盛的年岁，也是他最富于幻想的一个人生阶段。

在大量阅读的作品中，汤一介非常喜欢纪德的小说《窄门》，这个故事讲的是两个极富宗教热情的青年杰罗姆和阿丽莎相爱，他们在情书中相互鼓励，希望离上帝更近。阿丽莎在与杰罗姆柏拉图式的爱情交往中，她的带着神秘主义色彩的信仰不断发展，最终相信通向天国的窄门确如《圣经》所说不能容两人同时通过，认为自己爱上帝更甚于爱杰罗姆，并且相信杰罗姆也是如此，然而杰罗姆并非像阿丽莎所想的那样。

汤一介常常被《窄门》的故事所感动，但在心底里，他却并不能理解，因为他既没有如阿丽莎那样的信仰，也没有像杰罗姆那种对"爱情"的执著。生活中的青年汤一介尽管会在阅读西方文学、哲学、宗教作品时，欣赏西方文化，而且会努力去理解和吸收，但是他毕竟没有一个信仰宗教的背景，因而他对阿丽莎的思想、感情和行为就很难有深切的理解。这也让汤一介认识到，《窄门》带给他的，是一种对人类的爱，是对自我道德完善的追求，是一种对"悲剧美"的欣赏和对宗教虔诚气氛的感受。

由《窄门》得到启示后，汤一介又看到宗教、西方哲学以及中国传统文化中的儒家、道家、佛家思想对自己哲学研究的影响，进而剖析了自己受这些文化影响而形成的"生死观"，这亦可说是青年汤一介在哲学研究道路上的又一突破。

《窄门》中阿丽莎对上帝的虔诚的爱的故事，也让汤一介重新认识了自己从未感到过的陌生的宗教。他认为自己虽然不信仰任何宗教，但非常尊重和欣赏他所接触到的宗教，例如佛教和基督教。他爱好佛教深奥的哲理，也喜欢基督教的智慧。佛教要解救人们脱离"苦海"，达到涅槃境界，并提出一套修持的方法，是给人们一种"超生死，得解脱"的精神力量，这无疑是人类的精神财富。而基督教的"博爱"和"在上帝面前人人平等"以及它的三大形而上学论证"上帝存在"、"灵魂不死"、"意志自由"则给了人们一种超越自我的向善动力，这当然同样也是人类的精神财富。

这些宗教的思想理论既给了汤一介重要启示，也丰富了他对"生死"问题的看法。由此汤一介总结出，"生死"问题从一个方面说是医学、生物学方面的问题，但是对"生死"的看法却是

　　汤一介总结这时的自己是：受中国传统思想文化和家庭影响非常深，又接受了一些西方的文学、哲学、宗教的思想，因而是一个"生死观"大体上是以儒家思想为基础，又吸收了若干道家和佛教的思想，同时西方的某些思想对自己也不能说毫无影响的中国青年。

　　当时中国社会正处于生死存亡的大变局中，许多人"生"得艰难，"死"却容易，对于敏感而喜欢思考的青年人来说，"生死"的问题就成了他们经常考虑的问题。对于已经走上哲学研究道路的青年汤一介来说，已不仅仅是在考虑"生死"，而是以他带有"浓厚的儒家思想"的"生死观"在研究"生死"一类的终极关切的大问题，这就是"与众不同"的青年汤一介。

　　总结这个时期自己的思想追求，哲学家汤一介看到的则永远是自己的不足，因此他后来自谦地评价在中国社会处于生死存亡的大变局中面对"生死"的自己："那时，我实是无知，而却狂妄；我实是渺小，而却自大；我实是浅薄，而却自以为博学。不过上帝会原谅年轻人的，会让他们在生活中逐渐了解自己，逐渐了解社会，逐渐了解应该如何地'生'，应该如何地'死'。正如庄子所说，生死是人生中最大的变化，能对这一问题有所悟者有福了。"

□ 8. 和父亲一起留在北大

　　1948 年，中国国内战场的局面发生了巨大的变化，东北全面解放，华北也已大部被人民解放军解放。在北平城即将迎来解放的日子里,汤一介和父亲汤用彤也在人生道路的路口面临一次人生的重大选择。

转眼到了年底12月,这一天,北京大学校长胡适一连接到了好几封国民党政府发来催促他迅速飞往南京的电报。于是胡适先生匆匆离开了北京大学。临走之前,胡适先生只留下了两封信,

汤一介 1949 年在王府井金鱼胡同。

一封给他的秘书长郑天庭,另一封给的就是汤一介的父亲汤用彤教授。胡适先生在信中表明,自己要去南京,现在无法与大家告别,北京大学的一切事务,就全都委托给郑天庭和汤用彤照顾了。

此时的汤用彤教授是北京大学哲学系主任。看着胡适先生的亲笔信,他不知应该说什么。17 年前,胡适先生也曾给他写过信,当时汤用彤教授也曾像现在这样,手中攥着胡适先生的亲笔信,只不过当年那封信的内容是胡适先生邀请他到北京大学任教。想不到 17 年后他又接到胡适先生的信时,已是"人去楼空"。

在人民解放军取得节节胜利,国民党政府日渐衰败的形势下,人民已经看到了新中国胜利的曙光。此时的汤一介已是北京大学哲学系二年级的学生,虽然他仍然是在勤奋学习

沙滩北大哲学系的汤一介。1950年摄于北京大学。

从美国讲学归来后的汤用彤先生与儿子汤一介及友人在颐和园。

和刻苦钻研,但在当时社会环境的影响下,汤一介不单思想进步很快,而且已经成为共产党的外围组织民主青年联盟的一员。

年轻的大学生汤一介对未来的新中国充满希望,更坚定了留下来为祖国效力的信心。而汤一介的决定必然直接影响着他的父母,在战争年代失去了一双儿女的汤夫人在这个时刻是绝对不会和她疼爱的儿子分开的。这一切,无形中都在影响着汤用彤教授。

胡适先生走后,国民党南京政府又派来一架飞机,此举自然是接走一大批学者。而在这批即将被国民党政府接走的学者和名教授的名单中,就有汤用彤教授的名字。在这个人生道路的重大路口前,汤用彤教授最后把手中的机票给了别人,他和冯友兰教授、贺麟教授等选择了北京大学。汤用彤父子终于一起留在北大,应该说,儿子汤一介起了很大的作用。

从此,汤氏父子在新中国的北京大学开始了全新的生活。父亲汤用彤教授继续他的国学研究和教育,后又成为北京大学副校长,儿子汤一介则在北京大学哲学系开始了一个新中国大学生的生活。

□9. 一介书生与北大才女

几个月后,朝气蓬勃、努力向上的北大哲学系学生汤一介加入了中国新民主主义青年团,这时已是 1949 年 5 月。到了 11 月,汤一介又加入了中国共产党。不久,汤一介又被选入北京大学文学院团总支部做组织委员。

也是在这个时候,汤一介第一次见到了担任北京大学文学院团总支部宣传委员的中文系二年级学生乐黛云。有"北大才女"之称的乐黛云来自贵阳城一个几代以读书教育为事的大户人家。高中毕业后,天赋聪明的乐黛云放弃了保送北京师范大学的机会,一人从贵阳奔赴重庆,一连参加了北京大学、中央大学及中央政治大学 3 所大学的层层考试后,终于以优秀的成绩被 3 所大学同时录取。但乐黛云选择了她心中一直向往的北京大学。几十年后,这个优秀的贵州女孩成为中国学界比较文学研究的权威。

一介书生与北大才女终于

三年级的北大中文系才女乐黛云。

69

在北大文学院团总支部相识,汤一介第一次见到乐黛云就被她的聪慧、热情吸引,在共同工作的接触中,他更看到了一个才华横溢、率真善良的乐黛云。而乐黛云对汤一介的第一个印象则和他的名字"一介"一样:儒雅内向、书生气十足。

两个同样优秀的年轻人一起为共青团工作,也经常在一起聊天。一介书生胸无城府地说起自己小时候的成绩平平和中学的跳级留级,也说起了他最具叛逆色彩的"西去延安幻想曲"。北大才女虽然没有想到儒雅书生竟会有如此不同寻常的成长经历,却喜欢他的襟怀坦荡和真诚。

后来他们一起听共同爱好的古典音乐,一起去天坛。他们谈音乐家,也谈世界名曲,汤一介给初到北京的乐黛云讲天坛,从天坛的建筑结构为她讲起了中国古代建筑……

才华横溢的贵州女孩终于被儒雅博学的一介书生吸引,他们的交往越来越多,两颗年轻的心也越来越贴近。

□ 10. 书结姻缘

一介书生和北大才女终于由相识、相知走到了相爱。而"牵线"两个互相吸引的年轻人走到一起的,则是他们共同喜爱的书。那是捷克的共产党人伏契克完成的《绞索套在脖子上的报告》。乐黛云读后深深为伏契克热爱祖国,热爱生活以及他对妻子古丝姐的忠贞爱情感动。于是她把这本书送到汤一介面前对他说:"这本书表现的对人类的爱深深地打动了我,我想你会喜欢它。我还想告诉你,书中伏契克与古丝姐的感情就是我最向往的一种感情，我想，这种不是建立在物质基础上的心灵的结合，就是我们共同向往的。"

汤一介乐黛云结婚照。

虽然不太明确，但乐黛云已经表达了她的情意。汤一介虽然也没有明显地表达出来，但他们相爱的心已经走到了一起。

这部让乐黛云感动的书同样震撼了年轻的汤一介。那一晚从天黑到天明，汤一介一口气读完了《绞索套在脖子上的报告》。伏契克对生活的热爱，对理想的忠诚，面对死亡的从容，都让汤一介认识到，虽然自己以前也曾感悟过生死，也曾写过《死》、《论善》、《论死》及《论人为什么活着》等探讨人生意义的文章，但却远没有伏契克那样面对死亡的从容，那样对人类的爱，对理想的忠诚，没有伏契克那种"我爱生活，我愿意为它而奋斗。人活着就要为一个理想的生活而奋斗"的高深境界。

后来汤一介又接连把《绞索套在脖子上的报告》读了好几遍，并且把其中他最难忘的一段几乎是一字不落地背了下来：

> 我爱生活，并且为它而战斗。我爱你们，人们，当你们也以同样的爱回答我的时候，我是幸福的，当你们不了解我的时候，我是难过的。我得罪了

谁,那么就请你们原谅吧!我使谁快乐过,那就请你们不要忘记吧!让我的名字在任何人心里不要唤起悲哀。这是我给你们的遗言,父亲、母亲和妹妹们;给你的遗言,我的古丝妲;给你们的遗言,同志们,给所有我爱的人的遗言。如果眼泪能帮助你们,那么你们就放声哭吧!但不要怜惜我。我为欢乐而生,为欢乐而死,在我的坟墓上安放悲哀的安琪儿是不公正的。

对于这部书的感动,汤一介曾这样回忆:"我每次读到这里时,都禁不住为这种热爱生活、热爱人类、为理想而献身的精神而热泪盈眶。本来在1949年前,我对真正的生活了解得很少,虽然在我心中也有一种潜在的对人类的爱,但那是一种'小爱',而不是对人类的'大爱'。读了《绞索套在脖子上的报告》后,似乎精神境界有一个升华,可以说我有了一个信念:我应该做个热爱生活、热爱人类的人,由于是乐黛云让我读这本书的,因而加深了我对她的了解,以后我们由恋爱而结婚了。"

看来,乐黛云为汤一介送书的同时,也为他送去了人生最美好的爱情和最崇高的理想。而汤一介在还书的时候,也把他的心迹写在一张小纸条夹在书中:"……读了这本书,更让我明白,人的生命就像火焰,小小的火焰燃烧的时间虽然长,但它照亮的面积也十分有限。烈焰转瞬即逝,但它照亮的面积更广阔。我想,就让我们走到一起吧,那是两支烈焰的汇聚……"

年轻的乐黛云也曾抒发过"烈焰转瞬即逝,但它照亮的面积更广阔"的豪言,这样的两支烈焰,终于因共同的理想和抱负走到一起。

1952 年 9 月 13 日，汤一介与乐黛云结婚了。这一年，汤一介 25 岁，乐黛云 21 岁。由于两个年轻人积极要求进步，一心追求革命，因而他们的婚礼也充满了"革命色彩"。后来乐黛云曾这样撰文描述了当年他们那个具有"革命"意味的"反传统"的婚礼：

……就在这一年，我进入了汤用彤先生的家，嫁给了他的长子汤一介，他 1951 年刚从北大哲学系毕业。我们的婚礼很特别，即便是在 50 年代初期，恐怕也不多见。当时，我希望我的同学们离校前能参加我的婚礼，于是，赶在 1952 年 9 月结了婚。结婚典礼就在小石作胡同汤家。按照我们的策划，婚礼只准备了喜糖。花生瓜子和茶水。那是一个大四合院，中间的天井能容纳数十人。晚上 8 点，我的同班同学、共青团团委会的战友们和党委的一些领导同志都来了，气氛热闹活跃，如我所想。这是一个"反传统"的婚礼，没有任何礼仪，连向父母行礼也免了，也没有请父母或领导讲话。汤老先生和我未来的婆母坐在北屋的走廊上，笑眯眯地看着大家嬉闹。后来大家起哄，让我发表结婚演说。我也没什么"新娘的羞怯"，高高兴兴地发表了一通讲话。我至今还记得大概的意思是说，我很愿意进入这个和谐的家庭，父母都非常慈祥，但是我并不是进入一个无产阶级家庭，因此还要注意划清同资产阶级的界限。那时的人真是非常革命！简直是"左派幼稚病"！两位老人非常好脾气，丝毫不动声色，

还高高兴兴地鼓掌,表示认同。……

　　虽然一心革命的汤一介和乐黛云举办的是一个"反传统"的婚礼,但是思想很正统的汤用彤先生和夫人还是按照中国人的风俗,宴请了亲朋好友,以向他们宣布汤家的长子结婚。但是为了表示"革命",年轻的汤一介和乐黛云竟没有参加。

　　现在看来,两个年轻人当年的做法可能会让今天的很多年轻人觉得不可思议,但是当时的那个年代,大多数的年轻人就是这样积极地追求革命。因而在几十年后,乐黛云回忆说:"这种行为现在看来确实很过分。一定很伤了两个老人的心。但汤老先生还是完全不动声色,连一句责备的话也没说。"

▢ 11. 怀念北大

　　1951 年 1 月,在北大哲学系刚刚读完四年级第一学期的汤一介被派到了中共北京市委党校去学习。能够被委以如此重任,自然是源于青年汤一介的优秀。因为此时的汤一介不仅是即将毕业的北大哲学系大学生,更是一名在 1949 年就已加入组织的共产党员和北大青年团的优秀干部。同时汤一介还学习了大量的马列主义和毛泽东思想的哲学理论。因此,在当时新中国刚刚成立,国家大力培养人才的形势下,共产党员汤一介不仅成为新时代大学生的"出类拔萃"者,更是当年北京市委党校培养党的建设者的最佳人选。

　　对于领导委以的重任和希望,年轻的汤一介却并未"领情",因为他舍不得离开北大,还想继续在北大学习。这里还有他几年来的学习和生活,更有教他学习的北大教授。尤其忘不了有着"真人"之称的国文教授废名先生、建筑学家梁思成先生、教英文的俞大缜教授、教数理逻辑的胡世华教授,还有他最尊敬的贺伯伯、著名的贺麟先生……

一切的一切,都让汤一介对北大充满了怀念。而他不愿意离开北大还有一个最重要的原因则是他要成为一名哲学家的理想还没有实现。从中学就对哲学产生了一种情感,开始有了做"哲学家"梦想的汤一介,最大的愿望就是考入北京大学,努力学好哲学,做一名哲学家。但这时他只能服从党的安排。

两个月后,汤一介被留在了市委党校成为一名教员。但在汤一介的心底深处,他仍然渴望回到北大读书,做"哲学家"的残梦仍在他的心中。

这年的暑假,汤一介收到了北京大学的毕业文凭,而他的心中仍然为自己没有读完北大哲学系的最后一学期课程而深感遗憾。

□ 12. 走马克思列宁主义道路

在研究哲学的道路上,可以说在汤一介自 1949 年做出了留在新中国北京的重大选择时,他就已经开始接受了马克思列宁主义。而对于青年汤一介来说,走上马克思列宁主义的道路也绝不是偶然的。回顾汤一介的成长道路,从少年时期开始对革命圣地延安的追求向往与博览群书的勤奋阅读,到他在青年时期在阅读中积极探索人生时产生的"爱国家、

爱人民"、"忧国忧民",一心报效祖国的浓厚的儒家思想,都可以说是他的思想基础。而在这个时期,对他影响最大的则是他在少年时期走过的战争年代以及青年时期所亲历的国家与社会的巨大变化。

汤一介出生在一个生活富裕、衣食无忧的家庭,因而在他上小学和中学时期爆发的抗日战争对他的思想冲击最大。少年汤一介虽没有亲临抗击日本鬼子战场的枪林弹雨,但是他经历了与父亲离别、与家人辗转流离的战争动乱,他亲自感受到太阳膏药旗下持枪日本兵盘查的亡国奴的耻辱,也亲眼看到了他的两个南开中学同学傅全荣和于豪达积极抗日参加远征军,却落得流落昆明街头无处栖身的悲惨境遇。而大哥和大妹的死亡更是激起了汤一介对日本帝国主义和国民党的激愤。

如果没有日本帝国主义的侵华战争,汤家一家人就不会离开北京遭受战争的动乱,汤一介的大哥和大妹,一个朝气蓬勃积极爱国的大学生和一个活泼可爱的女孩的生命就不会被吞噬。每当想到这里,汤一介就对万恶的战争,对日本侵略者充满了一腔怒火。

抗日战争胜利后,青年汤一介更是亲眼看到了国内动荡的时局和国民党政府的腐败无能以及战争给中国老百姓带来的苦难,这些更让他对国家的前途充满了失望。而解放战争的胜利,则使他做出了人生的重大选择。特别是在1949年新中国成立后,汤一介最强烈的感觉就是中国人民从此站起来了,再也不会受到西方列强和日本军国主义的欺侮和压迫了,中国知识分子的人格再也不会受到外国人的侮辱。中国的土地上再也没有什么西洋人和东洋鬼子作威作福,再也不会有让中国人民倍感耻辱的"沈崇事件"。

　　社会环境发生的巨大变化,是影响青年汤一介接受马克思主义的重要原因之一。而从古到今,中国的广大知识分子历来都具有一种特殊的"爱国主义"情结,因而在共产党领导下的新中国蒸蒸日上的大好形势下,当时和汤一介一样的许多知识分子和青年学生被环境吸引,自愿的或半自愿的接受马克思主义。

　　还有一个直接影响青年汤一介接受马克思主义的原因,那就是新中国建立初期一些共产党领导干部的良好形象。新中国成立后,汤一介亲眼看到那些和人民解放军一同进城的衣着朴素的共产党干部,他们工作积极热情、待人亲切和蔼,特别难得的是这些共产党的干部对待工作勤勤恳恳,从不高高在上,更不搞什么特殊化。比起那些抗日战争胜利后被老百姓鄙夷、唾骂的国民党接受大员,以及他们那一张张盛气凌人、不可一世,只知道抢房子、抢汽车、抢金条等等的腐败和丑恶的嘴脸,这些新政权的共产党干部的自律廉洁让人感觉到真是有天壤之别。

　　而在调到市委党校担任教员时汤一介接触的一些一心为公、朴素廉洁的共产党革命老干部,更让他受到"直观"的影响。比如他所在的中共北京市委党校的那位校长,虽然已经是加入了共产党 20 多年的老革命,但是在汤一介的眼里,这位革命资历深厚的校长却从不摆架子,更不搞特殊化。虽身为市委党校校长,但他住的房子和普通教员没有什么太大的差别,吃饭也是和大家在同一个食堂。校长虽然吃的是中灶,汤一介和一般教员吃的是大灶,可是汤一介看到,校长的中灶与教员们的大灶差别也是很小的。至于说在穿戴上,就更不用说了,因为上至校长,下到每一个教员,大家穿的衣服没有什么区别,几乎就是清一色的中式制服。就是抽的烟,

也和普通老师抽的没有什么不一样。

那时的工资待遇也有它历史的特殊性，建国初期，每一位国家干部都没有工资，实行的是供给制，所以不论职位，每人每月生活费都相差不多。当时的生活虽然很清苦，可是上上下下所有人都不以此为苦。这些种种被汤一介看在眼里的共产党干部的朴实良好的形象，无疑使青年汤一介更加坚定接受马克思主义，走革命道路建设社会主义祖国的决心。

在当时的历史环境下，新中国受外来的苏联文化影响至深，这也是汤一介能够接受马克思主义走上革命道路的重要原因。

中华人民共和国成立后，当仁不让地成为社会主义阵营的一分子。因此在各方面都毫无保留地向这个阵营的"老大哥"苏联积极学习。最明显的，就是当时大量的苏联早期电影和文学作品在中国的广泛流传。这对于中国人民，特别是对于中国广大的知识分子和青年学生来说，无疑都产生了深刻的影响。像当年在中国上映的苏联电影《乡村女教师》和《蜻蜓姑娘》等，在中国几乎是家喻户晓。无论是影片中那位扎根乡村的女教师所表现出的对自己工作的热爱和为事业献身的崇高精神，还是《蜻蜓姑娘》中的那位姑娘对美好生活的乐观精神和开朗的性格，都使得新中国的知识分子和青年学生热爱生活、对祖国的未来充满了期待和向往。

而一向喜爱阅读的青年汤一介更是在这个时期读了奥斯特洛夫斯基著的《钢铁是怎样炼成的》、法捷耶夫的《青年近卫军》、西蒙诺夫的《日日夜夜》等不少苏联小说。这些文学作品主要表现的是在卫国战争期间，苏联的广大青年为了保卫祖国，不惜流血不惜献出宝贵的生命与德国法西斯浴血奋战的可歌可泣的感人故事，而作品中对苏联当代青年热爱祖国、忠诚共产主义理想的歌颂，更是深深影响了一大批积极上进的中国青年。

还有那本曾经为汤一介和乐黛云传递爱情信息，对汤一介产生极大触动的由著名的捷克共产党员伏契克写的《绞索套在脖子上的报告》，也是在这个时期被汤一介捧在手里阅读的。

这些来自当年东欧社会主义国家的文艺作品无疑深深涤荡了那些追求进步、一心报效祖国的新中国的广大知识分子和青年的灵魂，因而青年汤一介体会到，读过了伏契克和这些苏联作家的文学作品之后，好像自己的思想突然开阔了，因为自己过去不过是在一个人自我封闭的小天地中，而伏契克和这些共产党人才是真正在为他人、为理想、为了一种崇高的共同目标而努力奋斗，以至于牺牲了自己的生命。这些真正的共产党人的崇高精神时刻都在激励着汤一介，正是在他们这种精神的感染之下，青年汤一介毫不犹豫地投身到一种"新的事业"中去了。他不仅努力学习马列主义、毛泽东思想，而且还当了北大青年团干部，做了许多社会工作。

这时的青年汤一介追求的是，做一名真正的共产党人，要像伏契克那样，热爱生活、热爱人民、热爱自己的理想事业。

第五章　人生风雨

☐ 1.　回到北大

　　成为市委党校的教师后，年轻的汤一介仍然保持着努力钻研、积极向上的作风。为了工作，汤一介开始认真学习马克思主义的经典著作和《毛泽东选集》。特别是对于马克思主义的哲学著作，汤一介更是下功夫进行刻苦钻研。

　　在1951年到1956年期间，汤一介读了《毛泽东选集》一至四卷，《斯大林全集》一至十三卷（当时只出了十三卷）以及《列宁选集》两卷、《列宁主义问题》和出版的几卷《列宁全集》、《马克思恩格斯选集》等。在这些马列著作中，《联共（布）党史》是他读的遍数最多的。此外，汤一介还有一个很好的读书习惯，就是把自己认为重要的地方加上红线或者批语，这亦是青年汤一介读书用功勤奋的可贵之处。

　　在北京市委党校，汤一介最先给学生讲的是中共党史，课本即是胡乔木写的《中国共产党三十年》。后来教《联共（布）党史》中的第九章至第十二章。1955年以后，汤一介又开始讲马克思主义哲学，主要是讲认识论部分。因此汤一介又开始下功夫钻研恩格斯的《费尔巴哈和德国古典哲学的终结》、《反杜林论》及列宁的《唯物主义与经验批判主义》等。

汤一介在党校的讲课很受欢迎,因为他讲课条理很清楚,这一方面离不开他在北大的哲学基本训练,另一方面也离不开他在这个时期对马克思主义经典著作的下功夫学习和钻研。就如汤一介所说:"既然自己接受了马克思主义,就应该认真阅读和下功夫钻研马克思主义的著作。"

1956 年夏天,在哲学教研队伍里愈加出类拔萃的青年汤一介又一次被领导"相中"而决定调他去高级党校(即今中央党校)。与此同时,一直欣赏汤一介才华、并已是中国科学院计算机研究所负责人的胡世华教授也在积极要求把汤一介调过去。

但这时汤一介只想回到北京大学,因为这时患脑溢血的父亲汤用彤教授身体已有所好转,恢复研究工作的汤教授最希望儿子汤一介回到北京大学帮助他整理文稿。

这年 10 月,汤一介终于回到北京大学并开始积极帮助父亲整理编辑文稿。第二年 6 月,汤用彤教授的名著《魏晋玄学论稿》正式出版。此书的完成离不开汤一介的付出,但一向勤奋的汤一介仍觉得这一时期自己做的不多,因为只完成了帮助父亲编辑《魏晋玄学论稿》这一任务。

2. 第一次人生风暴

这个时期,北京大学也开始了整风"反右"运动,让汤一介没有想到的是,在 1958 年初运动已经进入尾声时,他的妻子乐黛云竟被划成了"右派"。对于在上大学时就已参加革命入党并坚定信仰马克思主义的乐黛云来说,这是她遭受的

人生第一次冲击，也是她和汤一介共同经历的第一次人生风暴。

此时一直积极热情工作的乐黛云正担任北大中文系教员党支部书记。由于"反右"运动的开展，她和中文系的青年教师们不得不停止了此前他们一直准备在北大校园创办的刊物《当代英雄》。

到了1958年2月，虽然这时全国的反右运动已经进入了尾声，但《当代英雄》的创办者们仍然因被称为"反党"的"同人刊物"而被揪出来当众批判，结果就是这些北大中文系的青年教师们全部被划成"右派"。身为中文系教员党支部书记的乐黛云更因为是这些右派们的"头领"而被划成了潜伏最深的右派。

不久，北京大学对被划为第二类"极右派"的乐黛云做出了"戴上'极右派分子'帽子，开除党籍，开除公职，每月16元生活费，立即下乡监督劳动。"的结论。而这时的乐黛云又刚刚生下儿子汤双，看着怀中嗷嗷待哺的婴儿，坚强乐观的乐黛云无言以对。

面对惨遭不公正待遇的儿媳和刚刚出生不久的小孙子，一向廉洁自律、谦恭待人的汤用彤教授只得亲自出面找到北大领导。他向北大领导请求说，可否让乐黛云晚些时候再去乡下劳动改造，因为刚刚出生的孙子离不开母亲。

也许是考虑到汤用彤先生当时还在担任北京大学副校长的工作，也许是别的原因，总之，北京大学最后还是对乐黛云做出了"宽限"，允许她8月份再去农村接受劳动监督改造。

而汤一介听到妻子被划成"右派分子"的第一个感觉就是"根本不可能"。从当年阅读《绞索套在脖子上的报告》开始,他就相信,乐黛云是一个坚定的马克思主义者。这样一个热爱党热爱祖国的人怎么可能是右派呢?

正直善良的汤一介认为是北大中文系搞错了,而这样把一个坚定信仰马克思主义的共产党员干部打成右派,是对党和国家的不负责。于是他立刻给北大中文系党总支部打电话对他们说,乐黛云不可能是右派,是中文系党总支搞错了。

想不到北大中文系党总支却把汤一介的话通报给了哲学系党总支。结果哲学系领导就以汤一介与"右派分子乐黛云划不清界限"为由,给了他一个"严重警告"的处分。但是身背"处分"的汤一介并没有丝毫改变,他仍然在时时关心着处于逆境中的妻子。

乐黛云终于还是没有逃脱母子离别的厄运,8个月后,正在为小儿子汤双哺乳的乐黛云接到了北京大学让她"立即下乡,接受监督改造。"的通知。他们同时在通知里告诉乐黛云,她必须在第二天赶到北京远郊门头沟大西山的斋堂村,接受贫下中农的监督改造,如有违抗,后果自负!

乐黛云知道,她被特许恩准留在小儿子身边的日子就要结束了,毫无选择的乐黛云只得抛下襁褓中的小儿子,告别了善良而又无奈的公公婆婆,一个人孤独地走出家门。

被强迫离家的乐黛云都没有来得及和汤一介告别,因为这时汤一介正被下放到京郊大兴县搞"人民公社化",一个星期才会回家一次。当汤一介风尘仆仆从郊区赶回到家里时,8个月大的小儿子竟然一个人孤零零地睡在小床上。汤一介难过地抱起幼小的儿子,心中更加思念远在门头沟大山里被监督改造的妻子。

从这以后,汤一介一直坚持给乐黛云写信,他鼓励妻子坚强乐观面对生活,他还告诉妻子,无论什么时候,都要坚信

自己不是"右派",并且永远都是一名优秀的共产党员和坚定的马克思主义者。

为了表示自己支持妻子的坚定立场,汤一介每次写完信,都会认认真真在信封上写下"乐黛云同志收"几个大字,以显示自己毫不隐晦坚信乐黛云不是右派的心迹。

这一切,无疑带给京郊大深山里的乐黛云莫大的鼓励,因为在那个年代,谁都知道"同志"两个字的意义有多重。自从被划成"右派"后,乐黛云就再也没有听见别人对她称过"同志",因为她已是人人都必须批判和划清界限的"阶级敌人"。因此在这样的时刻,汤一介坚定支持陷入深渊的妻子,才更让妻子感动和难忘。

而对于汤一介这样一个年轻的共产党员来说,在妻子遭受不白之冤时不仅对爱情忠贞不渝,而且直白坦诚地支持妻子。在当时的社会环境下,这种毫无掩饰的鲜明立场,必然是"引火烧身",甚至于带来意想不到的灾难。

那是在京郊大兴的农村,有一天汤一介托一个北大学生寄出一封他写给乐黛云的信,但想不到这样一件很平常的事却给汤一介带来了麻烦。原来,这个学生看到了汤一介在信封上写的"乐黛云同志收"的几个大字后,觉得这是汤一介的"革命立场"有问题。于是这位"革命立场"坚定的学生回到学校后,就立即向北京大学哲学系党委作了汇报。结果由于这位同学的"革命行动",使得他的老师汤一介一受到了一通狂风暴雨般的狠批痛批。

虽然如此,遭到"痛批"的汤一介却丝毫没有改变立场。过后他仍然坚持给乐黛云写信,而且每次写信时,他仍然会在信封上清清楚楚地写上"乐黛云同志收"几个大字。因为他始终认为乐黛云根本不是右派,是北京大学中文系弄错了。汤一介从没有想过，他这种近乎执著的率真和坦诚只能为自己招来更多的麻烦和灾难。

果然在不久后的"反右倾"运动中，因为给右派妻子写信称为"乐黛云同志"的事，又让汤一介遭到了更为"声势浩大"的严厉批判。从汤一介第一次因为与"右派分子乐黛云划不清界限"而受到"严重警告"处分开始，这已经是汤一介第三次给自己"引"来的灾难。

但汤一介却依然是初衷不改，似乎从没有想过与自己的妻子划清什么所谓界线。在乐黛云被监督改造长达4年的时间里，他始终坚持一星期为妻子发一封写着"乐黛云同志收"的亲笔信，这一封封满怀关爱鼓励的信件，不仅给了身临苦难的乐黛云极大的勇气，更见证了汤一介对妻子诚挚的爱情。

1962年底，乐黛云终于结束了在京郊门头沟大山里被"监督改造"的日子，重新踏进了北京大学的校门。当年褴褓中的小儿子汤双已经长大，懂事的女儿汤丹已经10岁。善良的公公婆婆已见衰老，汤一介的脸上更增添了几许沧桑。不管怎么说，一家人终于又在一起生活了。汤一介虽然从此再没有用笔书写"乐黛云同志"表露心迹，但是在他的心目中，乐黛云永远是一个坚定的马克思主义者和优秀的共产党员。

□ 3. **哲学路程**

1958年到1964年，中国经历了"大跃进、人民公社、总路线"运动和"三年自然灾害"的特殊年代，汤一介这一时期的

哲学路程也和当时的社会形势紧密连在一起。其主要体现在当时中国政治领域内中国共产党反对苏联修正主义的"反修防修"的斗争以及学术界对著名学者冯友兰教授提出的"抽象继承法"和"普遍性形式"的"资产阶级学术观点"发起的批判。

由于中苏两党分歧和矛盾的公开化,在中国国内就正式开展了"反修防修"的政治斗争。这种形势下,正在学习研究马克思主义哲学的共产党员汤一介积极参加了批判修正主义的理论队伍,并且与另外 3 名同志一起以笔名"司马文"撰写文章批判修正主义。"司马文"就是"4 个马克思主义者"的文章的意思。

中国国内学术界也同时开展了对当时的北大教授冯友兰先生的"抽象继承法"和"普遍性形式"批判的"学术讨论"。同时也有一个与汤一介他们的"司马文"特点非常近似的名为"撒仁兴"的写作小组也经常在报刊上发表文章。"撒仁兴",即是取"三人行"之谐音的三人写作集体。汤一介他们的"司马文"自然也参加到了这个批评冯友兰的行列之中。

虽然那个时期的这类"学术讨论"受时代影响有它自身的局限性,但不可否认的是,参与讨论的学术工作者们必须引经据典,因此汤一介又继续阅读了一大批马克思和恩格斯的著作。另外这时的汤一介已经开始为哲学系的心理学专业和哲学专业的学生教授中国哲学史,并先后培养出一批北大哲学系专业的毕业生。因此除了阅读大量的马克思和恩格斯的著作外,汤一介也开始系统地阅读中国古典书籍,从儒家经典到诸子百家书以及《汉魏丛书》、《全上古三代秦汉六朝文》、前四史、《晋书》、《南北史》等等。对于这些书籍,汤一介不仅全部翻看,而且精心做出了几千张的分类卡片。

这个时期的汤一介也撰写了一些文章,除了在参加北京学术界召开的关于孔子、老子、庄子的讨论会后写的文章被收入《老子哲学讨论集》、《孔子讨论文集》、《庄子哲学讨论集》外,汤一介又撰写了有关墨子、王弼、郭象、朱熹等中国古代哲学家的文章。

由于当年时代环境的影响,后来汤一介对这些文章都不太满意。只有他在"老子思想的阶级本质"一文提出的"老子哲学反映着没落奴隶主的要求,但是他的哲学是唯物主义的"这一观点与当时流行的观点不同。当时社会比较认同的观点是"唯物主义是进步的,唯心主义是反动的"。

汤一介认为,能写出这样的观点,是他在学习普列汉诺夫的《论一元历史观之发展》和梅林的《论历史唯物主义》中找到了根据。在当年汤一介的哲学研究中,这个观点应该说是一个突破,但后来的汤一介仍然认为,他当年敢于发表的这个观点仍然没有脱离时代的局限性。

纵观这一时期汤一介的哲学路程,无论是他大量地阅读马克思主义哲学著作和中国古典名著,还是他撰写的著作和观点,都尽显出汤一介对哲学的刻苦钻研和执著追求。

☐ 4. 父子情深

1964 年,汤一介的人生道路开始不平静,这一年的五一国际劳动节,他的父亲汤用彤先生因病不幸逝世。

汤用彤先生的逝世,使中国学术界失去了一个著名的国学大师,一个优秀的现代哲学史家和佛教史家。而对于一直和父亲感情很深的汤一介来说,更是在悲痛之中愈加怀念

父亲。

在汤一介的心目中,父亲对自己的影响是潜移默化的,尤其是在人生经历,哲学梦想的追求中,父亲对传承"事不避难,义不逃责"家风的教诲,父亲的勤奋与学术成就,父亲的忧国忧民思想,都对自己的人生道路产生了重大的影响。

汤用彤先生 1893 年诞生在甘肃渭源县城。辛亥革命后考入北京清华大学堂,后赴美国哈佛研究院攻读哲学。汤用彤先生一生致力于中国佛教史、魏晋玄学及印度古代哲学史的研究。而他的著作《魏晋玄学论稿》和《汉魏两晋南北朝佛教史》更是研究魏晋玄学与佛学不可不读的经典著作。

20世纪 50 年代,汤用彤先生给汤一介、杨辛讲课。

尤其是汤用彤先生所著《汉魏两晋南北朝佛教史》,多年来一直得到多位学术大家的高度关注和热烈赞扬。其中贺麟先生在《五十年来的中国哲学》中写到:"写中国哲学史最感棘手的一段,就是魏晋以来几百年佛教在中国的发展,许多写中国哲学史的人,写到这一时期,都碰到礁石了。然而这一难关却被汤用彤先生打通了。汤先生……所著的《汉魏两晋南北朝佛教史》一书材料的丰富,方法的严谨,考证方面的新发现,义理方面的新解释,均胜过别人。"

胡适先生在 1937 年 1 月 17 日看到了汤用彤先生的《汉魏两晋南北朝佛教史》的稿本后,则在日记中高度夸赞到:

读汤锡予的《汉魏两晋南北朝佛教史》稿本第
一册。全日为他校阅。

此书极好。锡予与陈寅恪两君为今日治此学
最勤的，又有成绩的。锡予的训练极精，工具也好，
方法又细密，故此书为最有权威之作。

后来季羡林先生在《汤用彤先生诞生一百周年纪念论文
集序》中也赞扬说："拿汤老先生的代表作《汉魏两晋南北朝
佛教史》来做一个例子，加以分析。此书于 1938 年问世，至
今已超过半个世纪。然而，一直到现在，研究中国佛教史的
中外学者，哪一个也不能不向这部书学习。向这一部书讨
教。此书规模之恢弘，结构之谨严，材料之丰富，考证之精
确，问题提出之深刻，剖析解释周密。实在可为中外学者们
的楷模。"

2005 年 8 月 10 日《南方人物周刊》登载夏榆撰写的《汤
一介：给中华文化一个恰当定位》一文，文中是这样写的："汤
用彤早年毕业于哈佛，与陈寅恪、吴宓一起被称为'哈佛三
杰'。1922 年，获哈佛大学硕士学位后回国，出任东南大学哲
学系教授。1926 年至 1927 年，汤用彤到南开大学、中央大学
哲学系任教，并开始研究汉魏两晋南北朝佛教史。据传，此
前，胡适出版有关中国哲学著作，只有上部，没有下部。他被
汉魏两晋以来佛学发展问题难住了。中国哲学史学者每每
写到此处就触礁，致使中国哲学史中的汉魏两晋南北朝领域
一直是空白。1930 年，汤用彤完成《汉魏两晋南北朝佛教史》
初稿，并开始在北京大学讲授。1938 年，四易其稿的《汉魏两
晋南北朝佛教史》公开出版，中国哲学史的'关卡'被汤用彤

打通。"

这部受到诸多学术大家夸赞的《汉魏两晋南北朝佛教史》,是汤用彤先生历经 15 年日以继夜的艰辛劳作,才得以在 1938 年出版。因此汤一介后来曾回忆:"……那个时候在北平,20 世纪 30 年代,他一个人住在家中的前院,每晚写作到深夜两三点。他的身体就是在那个时候搞坏的,他日以继夜创作的就是日后的《汉魏两晋南北朝佛教史》。这本书现在大家都当作经典来读,因为我父亲的每一个论断都很可靠。"

而在汤一介的眼中,生活中的父亲从不看重金钱和名利,而且温文尔雅、和气待人,是一个为人善良、生活随意、疼爱孩子的慈祥父亲。

抗日战争胜利后,在北平积极筹办中央研究院历史语言研究所办事处的傅斯年先生力邀汤用彤教授兼任该办事处主任。在傅斯年先生的一再邀请下,汤用彤先生接受了办事处主任一职,但却将傅斯年先生送来的每月 200 元兼职薪水全数退回。他说:"我已在北大拿钱,不能再拿另一份。"

在学术界同人和朋友中,汤用彤先生素有"汤菩萨"之称,这源于汤用彤先生为人和善、谦谦待人的君子之风。大家都知道,学者们在论学交流中经常会因为观点不同或是各持己见而激烈争辩。但汤用彤先生却和同时期的大部分学者都相处得非常好。当年钱穆先生曾与傅斯年先生有矛盾,熊十力先生与吕澂先生在佛学研究上有分歧,胡适先生对文化的观点更是与汤用彤先生不同,但他们都是汤用彤先生很好的朋友。这就是汤用彤先生待人和气的一贯作风。

1954 年,汤用彤先生因患脑溢血而不得不长期卧床,这以后的几年中,在燕南园很难再见到他的身影。两年后,身体稍见恢复的汤用彤先生立即投入了《隋唐佛教史稿》的修改和补充工作,但终因身体原因,而没有完成他晚年一直想做的事。

1963年5月1日,汤用彤先生应邀登上天安门城楼观赏焰火,那一次,毛泽东主席见到汤用彤先生后,非常关心地询问了他的健康状况,并告诉他说自己读过他写的所有文章。但是汤用彤先生的健康却一直没有恢复。1964年的正月,他的病情不幸又开始恶化,不得不又一次住进医院。

一直到1964年的五一国际劳动节,这一天早上,已经守候在病房一宿的乐黛云看着汤用彤先生平稳地卧在床上,一切都很正常,就和早早来到的汤夫人告别离开了病房。临走的时候,汤用彤先生像往常一样,抬起胳膊对乐黛云挥了挥手,完全没有什么异样。

然而,乐黛云刚刚回到家,就传来了汤用彤先生病逝的消息。一代国学大师,中国著名的近现代哲学史家、佛教史家汤用彤先生,就这样在1964年的五一国际劳动节走完了72岁的人生旅程。

父亲走了,但是他的博学,他对中国哲学、佛学研究的孜孜不倦和卓越贡献,他的高贵人品,他的"事不避难,义不逃责"的家训,都深深印在了汤一介的心中。

□ 5. 未名湖畔起风云

1964年秋,随着中国大地社会主义教育运动的开展,北京大学未名湖畔也随之掀起风云。而在北大"社教"运动的重点哲学系,更是因为观点不同而公开分成"调干学生和党

的干部"派及"学校出身的教员为主体"派。两派的人都认为自己最革命,也都想"争取"当时担任哲学史教员支部(包括中外哲学史)书记的汤一介。但汤一介却从不表态,更不介入两派纷争。

这自然是汤一介一向埋头做研究不喜争斗的性格使然。另一方面,汤一介已经历了"整风反右"和"反右倾"两次运动,因此他能够冷静地认识到,自己还没有搞清楚社会主义教育运动要搞什么,还是不要参与任何一派为好。

这时北京大学又接到了支援农村开展"四清"运动的任务。于是汤一介立即报名积极参加。不久,成为农村"四清"工作队队员的汤一介被派往京郊朝阳区三间房大队,这也让汤一介暂时避开了北大哲学系两派对立的矛盾。

在汤一介的努力下,朝阳区三间房大队的"四清"工作顺利展开。他决心把三间房大队办成北京市"四清"运动样板大队。但很快就要过春节了,汤一介只得和休假的同志们一起回到北京大学。几个月的时间,北京大学校园内的社会主义教育运动愈加激烈。

1966 年 5 月 25 日,一直把斗争矛头对准北京大学校长陆平并称其为"走资本主道路的当权派"的聂元梓终于一手策划、发起贴出了"宋硕、陆平、彭佩云要干什么?"的大字报。这就是那张由聂元梓等 7 人署名,当年曾轰动全国的第一张"马列主义大字报"。

果然,自称为"造反派"的聂元梓一伙人很快就把北京大学校长陆平、书记彭佩云揪出来挂上"走资本主义道路当权派"黑牌子,同时对他们宣布撤职,进行批斗。紧接着,北京大学的所有高、中层领导干部,各系的教授、副教授等也一起被打成"黑帮分子"、"反动学术权威"等拉出来示众批斗。

汤一介自然不能幸免,那一天,他不仅被"占领"了哲学系大楼的"造反派"们挂上了"黑帮分子汤一介"的黑牌子,而且在"造反派"的押解下,被迫用双手高高举起"黑帮分子"的大牌子,"陪在"北京大学的头号"走资本主义道路当权派"陆平的身旁,接受"广大革命群众"的批判。

1949年就加入了中国共产党的汤一介想不明白,为什么自己会受到如此对待,为什么在这么短的时间里,国家社会就被颠倒。而自己身为一名具有17年党龄的共产党员,却无法改变这一切,更无力拯救这些和自己一样蒙冤受难的同志,想到这些,汤一介只觉得自己的心像流血一样,充满了伤痛和悲哀。

"无产阶级文化大革命"运动的烈火很快就从第一张"马列主义大字报"诞生地蔓延到全国各地。北大校长陆平、名教授冯友兰等人先后被"打倒"、批判。在当时的环境下,汤一介当然也无法幸免,三天两头地挨批斗、写检查、劳动改造。

虽然如此,在汤一介的心中,仍然还有一股发自内心的对人生的热爱、对祖国的热爱。因此汤一介经常鼓励自己,一定要相信,总有一天会得到党和人民的原谅,会得到改正错误的机会。

1968年的秋天,北京的各单位和大中院校,分别派进了以工人阶级解放军官兵为主体的"毛泽东思想宣传队",这就是曾留给很多人记忆的"工宣队"和"军宣队"。北京大学的混乱局面也随着工宣队和军宣队的进驻而得到改变。

在这样不断地挨批判挨斗争,不断地挖思想根源作检讨的日子里,汤一介历经磨难,受尽煎熬。当他终于被宣布得

到"解放",可以回到人民群众的队伍里时,已经是 1969 年的夏天。

□ 6. 在鲤鱼洲干校

　　这个时候,中国大地已经掀起了"知识青年上山下乡"运动。随着"上山下乡扎根边疆、扎根农村"的浪潮,千千万万的中学生告别父母,告别城市,奔赴农村或边远地区插队落户。汤一介与妻子乐黛云也送走了 15 岁的女儿汤丹到北大荒落户。紧接着,按照命令,他们又带着小儿子与北京大学2000 多名教职工一起匆匆离开北京大学,来到了江西鄱阳湖畔鲤鱼洲接受劳动改造。

汤一介与军代表等人在鲤鱼洲干校。

　　位于江西省鄱阳湖边的鲤鱼洲,曾经是有名的血吸虫病肆虐的土地。当地很多农民在多年前就因为可怕的血吸虫病纷纷逃离了鲤鱼洲。后来设立的劳改农场也因为鲤鱼洲的险恶环境搬走了。因此,对于几千人的北京大学教职员工来说,来到鲤鱼洲除了劳动改造外,还要在战天斗地中迎战可怕的血吸虫。

　　虽然鄱阳湖畔的鲤

鱼洲生活环境艰苦,一家三口人夜夜与水牛为伴,但再没有了几年来戴着黑牌子挨批斗、写检查劳动改造的日子。因此汤一介时刻要求自己,一定要真心地在劳动中改造自己,因为只有这样才能和劳动人民结合,真正地回到人民群众的队伍中。

从此,哲学家汤一介在艰苦的鲤鱼洲五七干校开始了中国几千年来一个普通农民"日出而作、日落而息"的艰辛劳作。虽然下稻田插秧和平整水田的劳动对于从小家境富裕、生活无忧,一直埋头做学问的汤一介是一场近乎"磨难"的体力锻炼,汤一介却一直认为鲤鱼洲干校让自己得到了意想不到的收获。因为只有在这样的环境中,才能亲自感受到在稻田里插一天秧苗后那种难以忍受的腰腿疼痛,才能感受到经过一整天站在淤泥中平整水田后的疲劳至极。这是中国农民的真实生活,也只有在这里,才能体会到千千万万中国农民的辛劳困苦。

汤一介不怕苦不怕累,真心地在劳动中改造自己,也给工宣队和军宣队留下了"认真改造"的好印象。一年后,在鲤鱼洲干校的北京大学招收了一批工农兵学员。一致认为汤一介改造最彻底,表现最好的哲学系工宣队和军宣队的领导决定,派汤一介为这些工农兵学员当教员。

于是在鄱阳湖畔鲤鱼洲北京大学的五七干校,汤一介开始为这些当年从工人、农民、解放军部队基层招收的工农兵学员做教师。那个年代,他们也曾被称为"工农兵大学生"。

这一段和工农兵大学生一起共同生活、共同劳动和学习的日子,给汤一介留下了很深的印象,因而他曾这样回忆:"……并和这些从工、农、兵中来的学员同吃、同住、同劳动、同学习、同斗私批修。在我与工军宣队的同志们和工农兵学

95

员在鲤鱼洲生活在一起的日子,我感到他们的朴素、诚恳、吃苦耐劳和坦白的胸襟,对我是很大的教育。我到现在也还认为,和他们生活在一起是值得庆幸的。"

不久,汤一介的儿子汤双突然得了扁桃腺炎,鉴于鲤鱼洲有限的医疗条件,汤一介只得请假带着汤双回到北京治疗。而这时北京大学校园内也招收了工农兵学员,这样汤一介就被留在了北大校园。

紧接着,鲤鱼洲干校的北京大学教职员工接到了立即返回北京的通知。于是,鄱阳湖畔的所有北京大学人员立即收拾行囊,就像两年前他们匆匆离开北京一样,此时又匆匆离开了鄱阳湖畔的鲤鱼洲,告别了他们曾经挥洒汗水的稻田和他们亲手盖建的房屋,踏上了北归回京的路程。

□ 7. 夫妻患难真情

历经磨难,汤一介终于走过了这段非常岁月,而更让他难忘的是和妻子乐黛云在血雨腥风中的患难真情。不管是运动初期的惨遭批斗,还是一遍遍地写检查,乐黛云和汤一介始终相依相携、紧紧相随,夫妻共同走过了风风雨雨。

在那个特殊的年代,很多夫妻或迫于压力,或为了表现自己的革命立场,有划清界限的,也有揭发批判甚至离婚的。乐黛云因为曾经的"摘帽右派"身份也一直在接受红卫兵"造反派"的监督劳动改造,但她义无反顾抱定了和汤一介站在一起共渡难关的决心,如此的高尚情操,给了汤一介极大的鼓舞和力量。

每天晚上在哲学系的大楼里，已经被"监督改造劳动"了一天的汤一介仍然在接受"触及灵魂"的革命审问或者是写检查。而在外面瑟瑟的寒风中，乐黛云则始终坐在石坎上等候。从吃完晚饭把汤一介送到哲学系大楼前亲眼看着他走进去，一直到深夜汤一介被"放"出来，乐黛云就这样静静地在外面守候。

自从"文化大革命"运动开始，她已经被迫见到了太多的批斗大会和鞭打老教授的情景，特别是有一天的傍晚，刚刚劳动回来的乐黛云忽然看见季羡林先生和周一良先生挂着大黑牌

汤一介与乐黛云在北大。

子，身背食堂炒菜的中号黑铁锅，走在北大校园中，在敲锣打鼓声和口号声中，两位老教授就这样被一帮红卫兵小将推搡着押走了。

这一幕，始终留在乐黛云的脑海中，她不知道这样的厄运什么时候就会降临到汤一介的头上，因而在那几个月，乐黛云每一天的晚上都是这样度过。一个人坐在楼外面的石坎上，没有眼泪，没有悲哀。陪伴她的，只有漆黑一片的校园和瑟瑟阴冷的秋风。

每当深夜汤一介拖着疲惫的身影走出哲学系大楼的时候，都会看见坐在哲学楼外面石坎上乐黛云的身影。看到汤一介的乐黛云就会立刻站起身迎上去和他一同走回家。这

一幕让汤一介感动,更让他刚刚被鞭挞的内心深处涌起一股温暖。

后来汤一介曾这样回忆:"……而在后来的日子里,她一直陪伴在我身边,无论是什么情况,她都没有从我身边走开。那种情感,对于我而言,一言以蔽之,是一种很深切的爱护。"乐黛云则回忆说:"在'文革'那么一个非常的时期,我们俩依然抱定了在一起的决心,不像很多夫妻,都离婚了,这一点,于我于他,都是很宝贵的,都是很值得珍惜的一种真挚的感情。"

□ 8. 伟大的母亲

不久,汤一介年迈的母亲病倒了。还没有抚平心中创痕的汤一介只觉得有一股对母亲难以割舍的忧伤自心头升起。

汤一介和母亲感情很深,在他的心目中,母亲不仅是中国母亲的典型代表,更是一位伟大的女性。回想母亲把自己抚养长大,几十年和母亲在一起生活的岁月似乎仍然历历在目……

汤一介的母亲张敬平出身于湖北黄冈阳逻镇的名门望族,她的父亲张鸿翔曾为翰林院编修,她的大哥张大昕早年毕业于京师大学堂,后当选为参议会议员。在这样家庭长大的张敬平虽不曾进学堂读书,却自幼聪明懂事,而且仪表端庄、知书达礼。

走进汤家的张敬平恪守中国妇女"相夫教子"的美德,是孩子们的好母亲,更是人们眼中美丽、贤德的汤夫人。

在动乱的战争年代,年轻的汤夫人不畏艰难,毅然带领儿女辗转千里远赴云南与汤教授团聚。在云南,汤用彤教授一家不仅历经战乱的居无定所和颠沛流离,更经历了在战争年代教授开不出薪水的艰苦和贫困。出生在

20世纪 60 年代,汤用彤先生和夫人在燕南园。

富贵人家的汤夫人虽是第一次面对生活的艰难和窘迫,却是沉着冷静,毫不畏惧。她先拿出自己的首饰变卖贴补家用,首饰卖光了,就亲自去市场卖衣服。而正是汤夫人这样的勤于持家,才使得一家人度过了艰苦的战争年代。

在北平,汤夫人和丈夫、儿子一同迎来了新中国的解放,更看到了一个全新的时代。在抗美援朝战争爆发的时刻,正在北大哲学系二年级读书的汤一介以满腔热血毅然报名参加志愿军。汤夫人虽曾在战争年代遭受了失去长子和爱女的伤痛,在国难危机时却毫不犹豫地支持她的儿子上战场。当一位《新民晚报》记者采访汤夫人时,曾这样问她:"你能同意你的儿子上前线吗?"汤夫人异常坚决地对他说:"别人的儿子上前线,我的儿子当然也应该上前线。"

这些出自一向深居简出,以"相夫教子"为传统美德的汤夫人之口的激情话语,不仅让她的儿子汤一介感到骄傲,更鼓舞了千千万万个送儿子奔赴战场的中国母亲。

为了表示自己支持抗美援朝的爱国之心,汤夫人又响应国家号召,把手中保存的黄金捐献了。从勤俭持家的贤妻良

母到积极爱国的中国女性,集中国伟大女性传统于一身的汤夫人和祖国一起走进了新时代。因此,汤一介曾这样回忆母亲:"……这时政府号召捐献买飞机,母亲就把她保存的金子捐献了。这些都是因为抗战胜利了,共产党把外国势力赶跑了,官吏们和老百姓一起同甘共苦,使得像我母亲这样的女性,爱国也不愿落后了。"

燕南园 58 号是汤家在北京大学的住所,汤夫人在这里度过了近 30 年的人生岁月,更为汤家三代人筑起了一个充满温馨和关爱的家。不管是谁回到家中,燕南园永远是一片温馨和孩子们的欢笑声。特别是远在深山劳动改造的儿媳乐黛云休假回家时,汤夫人更要准备丰盛的饭菜为乐黛云补养身体,让漂泊在外的儿媳和家人一起分享燕南园家庭的温暖。

汤夫人把她伟大的母爱和无限的温情献给了燕南园,也在燕南园走完了她人生的最后岁月。遭受了汤用彤教授去世的打击和"文革"风暴磨难的汤夫人在 1980 年病逝。

母亲的去世,让汤一介最为悲痛和自责的是,当时自己没有能力让母亲有一个平静安详的晚年,想起这些,更让汤一介感到内心深悔。

乐黛云曾深情回忆汤夫人:"婆婆是个温文尔雅的人,她很美丽,读过很多古典文学作品和新小说,《红楼梦》和《金粉世家》都看了五六遍。她特别爱国,她把自己保存的金子和首饰全捐献出来,听说和北大教授的其他家属一起,整整捐了一架飞机。她从来不对我提任何要求,帮我们带孩子,分担家务事,让我们安心工作。"

第六章　焕发学术活力

□ *1.* **成功开讲《魏晋玄学与佛教、道教》**

　　1980 年,汤一介终于恢复了讲课资格,这一年,重新走上讲台的汤一介已经 53 岁。不久,他被评为副教授。回忆几十年走过的道路,汤一介决心把逝去大好年华的痛切化为发奋努力与顽强拼搏,以迎接学术研究的春天。从此,汤一介以他的执著、艰辛付出和生机勃勃的创造力,让他哲学研究的生命焕发光彩,更为中国当代哲学的开拓和发展做出了卓越的贡献。

汤一介在北大校园。

　　这一年的夏天,汤一介在北京大学哲学系率先开设了《魏晋玄学与佛教、

道教》课程。而为了成功开讲此次《魏晋玄学与佛教、道教》,汤一介付出时间和精力做了大量的准备工作。

在当时的环境下,汤一介选择《魏晋玄学与佛教、道教》作为教授的课程,应该说是有很大难度的,因为这个题目涉及面非常广泛。其中既有"魏晋玄学"的问题,也有"魏晋玄学"与当时佛教、道教的关系问题,这就要求必须掌握大量有关哲学著作的内容。因此在"魏晋玄学与佛教、道教"开课前,汤一介不仅读了有关"魏晋玄学"的书,还读了非常必要的有关佛教、道教的典籍和黑格尔的《哲学史演讲录》、文德尔班与罗素的《西方哲学史》以及 20 世纪 70、80 年代的西方哲学的有关著作。

这样各类书籍的大量阅读,让汤一介每天都要读书到很晚,几乎没有一天能在夜里两点钟前上床就寝。而正是汤一介如此的努力和付出,才使得他的《魏晋玄学与佛教、道教》"开局"第一讲便获得了成功。

关于成功开设的《魏晋玄学与佛教、道教》一课,汤一介后来曾这样回忆:

> 《魏晋玄学与佛教、道教》一课可以说很受学生欢迎,三易教室,最后还是因为来听课的学生太多,而用发听课证的办法才得以解决。最使我感动的是比我年长 15 岁的周一良教授自始至终听完这门课。后来他向我说:"过去在燕大也听过邓之诚先生讲《魏晋玄学》,不知到底它讲什么,这回总算知道什么是《魏晋玄学》了。"我不认为周先生是客气之辞,而是对我努力的肯定,对此我很感谢一良先生。我的课为什么受到学生的欢迎,我认为主要是我在努力摆脱教条主义,日丹诺夫关于哲学史的定

义和苏联哲学史教科学的框框以及 1949 年以来文化上的虚无主义的束缚下进行的。为此,我努力把教学与研究和政治意识形态脱钩,力图坚持独立思考,并提出一些新的观点来。现在看来,这是一个在学术上十分艰难的历程,长期在教条主义和政治意识形态培养下的一代知识分子,就像放了脚的女人一样,走起路来仍是那么的艰难,难免东倒西歪!

汤一介最早开设的《魏晋玄学与佛教、道教》获得的成功,也在当年学术界引起反响,很多学者纷纷给予高度评价。其中北京大学哲学系教授、北京大学儒学研究院副院长李中华先生曾这样说:"这是汤一介先生继他的父亲汤用彤教授之后的又一次更深入的研究,而这一研究不仅推动了整个学术界对魏晋玄学的研究,也是汤一介先生对学术界的又一贡献。"

1979年,汤一介与中国、日本著名学者合影。左一:汤一介,左三:日本京都大学教授岛田虔次,左四:我国著名学者冯友兰,右三:我国著名学者张岱年。

因此可以说,成功开讲《魏晋玄学与佛教、道教》,是汤一介在哲学研究道路上一个新的起步,也是一个新的探索和突破。而于汤一介而言,这些都离不开父亲汤用彤教授的直接影响。汤用彤先生早在 1937 年就完成了《汉魏两晋南北朝佛教史》,经商务印书馆出版后,他心中最大的愿望就是完成《魏晋玄学》一书。因为汤用彤先生一直认为,只有完成《魏晋玄学》一书,才可以使魏晋玄学因为被忽视而在中国古代哲学研究方面十分薄弱的状况得到改变。

但是由于战乱和当时的工作及身体状况等原因,汤用彤先生的这一愿望最终未能实现,他只留下了一些单篇的论文,一直到 1957 年,经过汤一介整理,才编成《魏晋玄学论稿》一书出版。

关于这方面,深圳大学的景海峰先生曾在 2007 年北京大学出版社出版的《探寻真善美——汤一介先生 80 华诞暨从教 55 周年纪念文集》一书中这样描述:"他一方面大量参考了用彤先生的既有成果,沿着文德尔班(WilhelmWind—elband)《哲学史教程》之观念史和问题演变史的路数,对魏晋玄学的发展历程、概念范畴及其方法等再作梳理;另一方面,又紧密地结合当时国内的实际情况,对哲学界普遍关心的一些问题作了深入的思考和大胆的探索。所以这个'开局',既可以看作是他对父亲未竟之业的延续和完善,同时也是他自身的学术发展寻求突破的一种尝试。"①

景海峰先生在这篇文章中同样为汤一介开设《魏晋玄学与佛教、道教》一课的深远意义及对中国哲学的伟大贡献作

---

① 景海峰:《事不避难,义不逃责:汤一介对新时期中国哲学的贡献》,选自《探寻真善美——汤一介先生 80 华诞暨从教 55 周年纪念文集》,北京大学出版社 2007 年出版,第 183 页。

了高度评价:"……我们可以从该课程的'绪论'中看得出来。一开始他即强调了这门课的四个要点和目标:一是通过对外来思想文化与本土文明之关系的揭示,加深了解中国文化自身的特点,从而更好地理解当代世界文化的格局,处理好马克思主义和中国传统的关系,开展比较哲学和比较宗教学的研究。二是从概念范畴体系入手来研究中国哲学,避免用西方的东西生搬硬套,应该探讨中国思想自身的观念系统,把这些历史线索清理出来,而魏晋时代恰恰提供了这方面极其丰富的内容,故显得重要。三是着重分析哲学家建立他们思想体系的特有方法,'一种新的哲学方法可以为一个时代开路,并且体现着这个时代的哲学水平和特点',譬如玄学中的'言意之辩'就最能说明这个问题了。四是揭示思想发展的内在规律性,用研究哲学史的方式来锻炼逻辑思维的能力和增强哲学的头脑与识见。这些问题的提出,在 80 年代初有着强烈的时代感和现实意义,而先生新颖的眼界和超前的意识在当时又是多么地与众不同和令人振奋!"①

从李中华先生和景海峰先生的高度评价中,我们都可以体会到汤一介成功开讲《魏晋玄学与佛教、道教》的深远意义以及他对中国哲学研究的卓越贡献。从这以后,汤一介即迈开步伐,在中国的哲学大地上昂首挺胸、奋力前进。1981 年,汤一介又专门开设了《魏晋玄学》一课。1982 年,汤一介奔赴兰州大学,为哲学系学生讲了一个月的《魏晋玄学》。

1984 年,汤一介又为北大哲学系开设了"中国早期道教

---

① 景海峰:《事不避难,义不逃责:汤一介对新时期中国哲学的贡献》,选自《探寻真善美——汤一介先生 80 华诞暨从教 55 周年纪念文集》,北京大学出版社 2007 年出版,第 183 页。

史",次年又以"魏晋南北朝时期的道教"为题开课。在这以后的几年间,汤一介又接连讲授了"中国哲学专题"、"中国哲学的现代意义"等课,并为研究生开设了"中国佛教资料选读"、"般若婆罗蜜多心经"、"唯识三十颂"等课程。

走出阴霾的汤一介终于焕发出学术活力,踏上了他在哲学领域全力拼搏,不断开拓进取,成为时代引领者的路程。

□ 2. 完成《郭象与魏晋玄学》

开设《魏晋玄学》的同时,汤一介仍以不停歇的脚步开始着手整理编著《郭象与魏晋玄学》。关于这一项工作,汤一介说:"我认为,郭象的哲学是魏晋玄学发展的高峰,如果能把他哲学思想的来龙去脉搞清楚,那么整个魏晋玄学大体上也就可以弄清楚了。"

"魏晋玄学"进行了两轮讲课以后,汤一介开始了大量的阅读和参考,除了阅读与《郭象与魏晋玄学》有关的大量史料和很多西方哲学史外,汤一介又参考了很多父亲汤用彤教授的魏晋玄学手稿以及一些当年未发表的提纲和笔记。因此,比起开设《魏晋玄学与佛教、道教》课程的精心准备,此次为编著《郭象与魏晋玄学》的准备更为细致,汤一介阅读和参考的书籍都更加丰富,付出的心血也更多。

在《郭象与魏晋玄学》中,汤一介从思想观念的内在理路入手,以分析玄学思潮的发展为线索,重点突出了哲学史的认识史意义。此外,在详细地论述了玄学和佛教、道教之间的关系外,更对他认为代表了玄学发展高峰的郭象的思想进行了超越前人的分析。因此,在此书中,汤一介比《魏晋玄学与佛教、道教》更大胆完整地提出了新的见解。

《郭象与魏晋玄学》于 3 年后的 1983 年问世，正值 20 世纪 80 年代中国大地改革开放的初期，人们刚刚从禁锢的思想中走出来，很多人还在迷茫的状态中不知如何迈出脚步。而这时汤一介则在《郭象与魏晋玄学》中以新颖的文风和流畅的语言，大胆提出新的见解，可说是为困境中的中国哲学点亮了一束新的火焰。因此也可以说，《郭象与魏晋玄学》的完成，不仅对哲学领域产生了非同寻常的影响和深远意义，更是汤一介在这个时期对中国哲学界的又一贡献。

景海峰先生对《郭象与魏晋玄学》的深远意义和巨大影响也同样做了精辟总结："在讲过两轮课之后，汤一介整理出版了《郭象与魏晋玄学》。对于这本书，傅伟勋有一评价，认为其'诠释学创见'足以与钱穆的《庄老通辩》和牟宗三的《才性与玄理》相媲美。这只是站在大陆局外的纯粹学术性的观察，而就内部而言，其三十年漫漫长路的转折意味和方法上、观念上的一系列突围，则显得更为重要。经历了'文革'严冬后，政治气候还乍寒乍暖，普遍的心灵滞塞、头脑僵固尚未消除，禁区犹在，壁关重重，正是在这种困难的情况下，汤一介首先想到的是要冲破学术上的种种教条，寻找新方法，提出新见解，走出中国哲学研究的困境。他反对那种机械照搬马克思主义的做法，力图抛开几十年所形成的条条框框，重新用哲学的眼界和学术的方式来叙述中国思想，把世界文明的格局、中西文化的差异、中国文化的民族性特点等，这些过去被忽略或有意遮蔽了的问题，重新引入到对中国哲学的理解和表达中。而在叙述上，则尽量不用或少用当时流行的方式和套话，改用纯粹学术的、具有民族特色的语言，给人耳目一新的感觉。这种荡涤陈规的突围意识和不囿旧见的创新精

神,成为汤一介重新开始他的学术研究之后,开辟新进境的利器和不断寻求发展的动力,在 80 年代初的风气转变初始,尤为重要和难能可贵。……这些研究,无论是学术视野还是理论深度,都将魏晋思想的透视推进到了一个新的境地。"①

汤一介对当年完成《郭象与魏晋玄学》则这样回忆:"在我写作的过程中,我经常考虑到如何能提出一些新的见解来,以便打破长期以来教条地理解马克思主义的框框。从 1980 年开始,到 1983 年差不多写了 3 年的时间,这本书的目的就是要进一步破除唯物主义和唯心主义两军对垒的模式。现在看来,这本书可以写的更好一点,但我认为,我的某些尝试今天看来仍然是成功的。而开始我还不敢想成为一个'哲学家',只想做一个稍有独立思考的'哲学史家'。所以在 80 年代初,我把在北京大学讲的《魏晋玄学与道教、佛教》一课修改成《郭象与魏晋玄学》,于 1983 年由湖北人民出版社出版了。后又于 2000 年由北京大学出版了《郭象与魏晋玄学》(增订本)。在这本书中,我主要讨论了以下几个问题:(1) 找出魏晋玄学发展的内在理路;(2) 通过魏晋玄学范畴的研究寻找中国哲学的范畴体系;(3) 探讨哲学方法对认识哲学思想变迁的重要意义;(4) 尝试把哲学的比较方法运用于中国哲学的研究领域;(5) 勾画了魏晋玄学到唐初重玄学发展的原因。这些问题的讨论,对当时哲学思想的解放起了一定的作用。"

---

① 景海峰:《事不避难,义不逃责:汤一介对新时期中国哲学的贡献》,选自《探寻真善美——汤一介先生 80 华诞暨从教 55 周年纪念文集》,北京大学出版社 2007 年出版,第 184、185 页。

□ 3. 出版《魏晋南北朝时期的道教》

汤一介的父亲汤用彤教授晚年时对道教的研究已经很有建树,曾著有《读〈道藏〉札记》。受父亲的影响,汤一介也很早就涉入道教领域。因而在编著《郭象与魏晋玄学》的同时,他又开始了对道教的研究。

在 1980 年,汤一介最早撰写的有关道教史研究的第一篇文章《略论早期道教关于生死、形神问题的理论》就已完成,并于第二年初在《哲学研究》发表。两年后,汤一介以"早期道教史研究"为专题的课程终于开讲,这是那个时期我国学术界开设的最早的系统讲习之一。

为了进一步完善魏晋南北朝时期道教史的内容,汤一介在经过"魏晋南北朝时期的道教"的两轮授课之后,于 1984年又远赴加拿大和美国的有关学术机构查阅资料并继续写作,终于在 1987 年完成了《魏晋南北朝时期的道教》,并于1988 年由中国和平出版社出版。

在这本书的《序言》中,汤一介提出必须把"宗教"与"迷信"区别开来,要肯定"宗教"对人类社会生活的重要意义。除讨论了道教思想,还从四个问题讨论了当时佛道之争。这些问题不仅全面描绘了南北朝时期的佛道之争,也是此前道教研究很少讨论到的。

为走近《魏晋南北朝时期的道教》,我们可以从景海峰先生对《魏晋南北朝时期的道教》中归纳出的 5 个亮点做进一步了解:"第一是在'绪论'部分对宗教的本质做了探讨,提出限定和判别宗教形态的若干标准,第二是大胆肯定宗教的价

值,力辩宗教不同于所谓的'迷信',廓清了长久以来人们认识上的误区。第三是在史料鉴别上比较用心,即'本书所用材料都经过认真考证',这对早期道教的研究来说,殊为不易。第四是第一次比较系统地论述了南北朝时期的佛道之争,于问题有所深化。第五是提出了一些对《太平经》的新看法,而与时论不同。"①

完成《魏晋南北朝时期的道教》后,汤一介仍不时有单篇道教研究论文发表,其中以探讨老庄哲学和玄学的内在性与超越性问题的《〈道德经〉导读》、《论〈道德经〉建立哲学体系的方法》以及《论魏晋玄学到初唐重玄学》等最具代表性。这些著作对道家和道教研究都起到了不同的积极作用,特别是在《论魏晋玄学到初唐重玄学》一文中,汤一介提出的道家(教)发展三阶段论和道教的理论转向问题,被学术界普遍认为十分有创意。

这以后,汤一介一直为道教研究积极奔走,他与陈鼓应一起联手,于20世纪90年代创办了国际道家(教)联合会,并亲自发起召开了两届规模庞大的国际道家(教)学术研讨会,合编"道家文化研究丛书",吸引了一大批道教研究学者积极参加,这些无疑积极推动了当时国内道家(教)的研究。

而汤一介当年在北京大学指导的一批青年学者,也早已成为我国道教研究的中坚力量。如今北京大学保持着我国道教研究之重镇地位,更是离不开汤一介为道教研究做出的贡献。

---

① 景海峰:《事不避难,义不逃责:汤一介对新时期中国哲学的贡献》,选自《探寻真善美——汤一介先生80华诞暨从教55周年纪念文集》,北京大学出版社2007年出版,第186页。

□ 4. 范畴研究法

1981 年,《中国社会科学》在第五期刊登了汤一介撰写的《论中国传统哲学范畴体系诸问题》,此篇文章发表后,立刻引起当时学术界的热烈讨论。

1984 年,经过补充整理,汤一介在加拿大蒙特利尔召开的第十七届世界哲学大会的发言终于以《论中国传统哲学中的真善美问题》为题,在《中国社会科学》第四期发表。后来,汤一介又对这篇文章加以补充完善,以《从中国传统哲学的基本命题看中国传统哲学的特点》为题收录在《儒道释与内在超越》一书中。

虽然汤一介一直反对称自己为哲学家,但从他撰写的《论中国传统哲学范畴体系诸问题》与《论中国传统哲学中的真善美问题》中,我们可以看出,无论是他的思考与追求,还是他不断的探索与开拓,都尽显出他哲学领域始终前进的步伐和一代哲学家的卓越风采。

其实在撰写《郭象与魏晋玄学》和《魏晋南北朝时期的道教》的同时,汤一介即已开始了新的思考和开拓。因为他已经不满足于完成《郭象与魏晋玄学》和《魏晋南北朝时期的道教》。他认为,这些是史家的工作,仅仅是自己哲学研究道路上的过渡。而自己要走的是哲学研究的道路,因此还有更多要思考和研究的哲学问题,也更需勤奋和努力。

在《论中国传统哲学范畴体系诸问题》中,汤一介尝试着用范畴研究的方法来重新描述中国哲学的面貌。"他把中国传统哲学的基本概念分成了 3 组 20 对,从存在的本源、存在

的形式和人们对存在的认识等三个方面来勾画中国哲学的观念系统。……有关这个体系的内容，汤一介后来在《郭象与魏晋玄学》一书中做了很多补充；在写《非有非无之间》一书中的'对中国哲学的哲学思考'一节里又做了若干的修正。"①

这种用范畴研究的方式，既清晰梳缕出的中国思想的"问题"，又归纳出这些中国思想思考的类别和观念之间的联系，描摹出思想接续的路径。

这是汤一介在上个世纪 80 年代用范畴研究的方法重新描述中国哲学面貌的尝试，这一尝试无疑在哲学研究方式上有着明显的突破意义，而发起人汤一介更是对这项研究起到了不可替代的重要作用。

在《论中国传统哲学中的真善美问题》中，汤一介则以宏观的角度和内在理路深刻阐释了中国哲学以"天人合一"、"知行合一"、"情景合一"为基本特征的三大基本命题，这是中国传统哲学对"真"、"善"、"美"的表述和中国文化的根本精神，同时也体现出儒家思想的核心价值和佛教、道教的关键命意。

由于在此篇文章中对中国哲学基本特征的探讨和精神内蕴的发掘，汤一介不仅进一步摆脱了教科书体系的羁绊，而且走出了过去几十年既成模式的束缚而回到哲学问题的本身。他意识到，哲学并没有一个统一的标准，中国不同于西方，今日不同于古时。中国传统哲学所注重的是追求一种

---

① 景海峰：《事不避难，义不逃责：汤一介对新时期中国哲学的贡献》，选自《探寻真善美——汤一介先生 80 华诞暨从教 55 周年纪念文集》，北京大学出版社 2007 年出版，第 187 页。

真、善、美的境界,而西方哲学则注重在建立一种论证真、善、美的价值的思想体系,前者可以说是追求一种"觉悟",而后者则是对"知识"的探讨。由此汤一介指出:现在我们应该增强这样的意识:中西哲学各有特点、各有所长,我们需要用西方哲学作为参照来认识自我、丰富自我,但西方哲学同样也在交流中扩大了它自身的意义,所以中西哲学是相互补充、互为镜鉴的,而不要把目前的单边学习视为是"当然"之理。

对于汤一介的范畴研究法的积极意义,浙江大学陈俊民教授曾著有《既开风气也为师——中国哲学范畴研究启示录》一文予以高度评价,因而在《探寻真善美——汤一介先生80华诞暨从教55周年纪念文集》一书中,该书编者对陈俊民教授的《既开风气也为师——中国哲学范畴研究启示录》文章作了如下精辟评论:

我们知道,范畴研究法曾经是汤先生在1980—1985年间大力倡导并身体力行的研究方法,对学术史有些了解的学者会赞同这种研究法在当时具有解放思想的积极意义,……拜读陈俊民教授的大作《既开风气也为师——中国哲学范畴研究启示录》后,轻薄如我辈者才明白在汤先生发表《论中国传统哲学范畴体系诸问题》、《论中国传统哲学中的真善美问题》后,为什么能震动当时的哲学视听,并引起小会大会的争鸣。原来当时汤先生倡导和力行范畴研究法,根本旨趣在于摆脱长久以来形成的政治桎梏对哲学思考的干扰,追求思想自由,并最终达到"究天人之际,通古今之变,会东西之学,成一家之言"的鸿鹄之志。陈教授以难得的第一手学术

史资料和他本人的亲身经历,回顾了汤先生在倡导和推行范畴研究法的进程中所扮演的领军角色,并以"既开风气也为师"一语凸显了汤先生在当时学术进程中的地位。从陈教授列举的来自当时一些固守僵化立场的人士对范畴研究法的负面反应乃至施加的思想高压中,我们更可以看到,汤先生当时倡导和力行范畴研究法,不仅需要大勇,也需要大智。如果我们抽离当时具体的历史与思想境遇,以当今的所谓智慧嘲弄范畴研究法,那倒真是"轻薄为文哂夫休"了。质言之,不论是从学术史的角度,还是从研究方法本身的价值与效用这一角度来看,范畴研究法都有其不可磨灭的意义与价值,讥笑也罢,嘲弄也罢,都"不废江河万古流"。①

□ 5. 对当代儒学的反思

对于当代儒学,汤一介曾这样回忆:"在 1983 年前,我的兴趣完全是在研究佛教和道家思想、魏晋玄学的关系问题,对儒家思想并不感兴趣。1983 年去哈佛大学做访问学者,正好杜维明在那里,他是新儒家的代表人物。他在哈佛大学讲一门中国文化通史的课程,就是文理科学生都可以听的课,这门课基本是讲儒家思想。我从这儿开始接触儒家思想,我首先是看新儒家代表人物牟宗三的书。……恰好这一年要

---

① 编者前言:《如切如磋,砥砺相生》,《探寻真善美——汤一介先生 80 华诞暨从教 55 周年纪念文集》,北京大学出版社 2007 年出版,第 2 页。

在加拿大蒙特利尔召开由数千人参加的第 17 届世界哲学大会,我提交的大会论文是《儒家哲学第三期发展可能性的探讨》,在大会特设的'中国哲学圆桌会议'上我就讲了这样一个思想,大家觉得很新鲜。因为我是从大陆过去的,是第一次参加这样的大型国际会议。当时除了我之外,还有中国社科院汝信带着一个代表团参加会议,他们没有在会上发言。我是从哈佛大学去讲的。当时我们内地和台湾的关系还非常紧张,我讲完之后,台湾有一个学者就给我提出意见,他说,我听你的讲演里边没有一句马克思主义,为什么? 在1983 年那个时候,国内政治环境还不太宽松,我们说话还是很小心,我知道他想将我的军,好像是说你的观点和内地的指导思想不一致。我跟他说,马克思主义最根本的一条就是实事求是,这是邓小平讲的,你说我讲的哪一条不是实事求是,把他顶回去了,大家一起给我鼓掌,所以,从那儿我才开始研究儒家。

　　这是 1983 年做的一件事,受到海外他们研究儒家思想的一定影响,他们在研究,我们也可以研究,我想我们的研究不一定要跟他们一样,我们应该走我们自己的路子。"

　　关于汤一介在加拿大蒙特利尔召开的第十七届世界哲学大会上题目为《儒家哲学第三期发展可能性的探讨》的演讲引起极大轰动的具体情况,后来台湾学者刘树先曾在《蒙特利尔世界哲学会议纪行》一文中,作了如下生动的描述:"会议的最高潮由北大的汤一介教授用中文发言,探讨当前第三期儒学发展的可能性,由杜维明教授担任翻译。汤一介认为儒学的中心理念如'天人合一'、'知行合一'、'情景合一'在现代都没有失去意义,理应有更进一步发展的可能性。这一番发言虽然因为通过翻译的缘故而占的时间特长,但出

乎意料的清新立论通过实感的方式表达出来紧紧地扣住了观众的心弦,讲完之后全场掌声雷动,历久不息。"[1]

与新儒家代表人物杜维明接触后,汤一介开始反思中国文化的现实命运,他认识到,必须重新思考中国文化与西方文化、儒家传统与马克思主义的关系,才能回应新儒家的挑战。

不久,杜维明来到北京大学讲学,之后又接连在国内几座大城市发表讲演,这些无疑为中国复兴儒学的高潮起到了推波助澜的作用,而汤一介则是这次国内复兴儒学高潮的最为有力的接引者之一。

紧接着,汤一介又对儒学的当代发展、历史定位、特殊价值,一直到儒学的近代命运和未来前景等,都作出了深入的探讨并提出了自己独特的看法。同时汤一介又和萧萐父、庞朴等人共同发起、主持了对熊十力、梁漱溟等新儒家人物著作的搜集、整理和编纂的工作。

这些努力和付出,是汤一介对我国上个世纪 80 年代后期新儒学研究工作的巨大贡献,而它的积极推动作用和深远意义则更是不容置疑。

多年来,汤一介对当代儒学探讨最深切、收获最大和最有影响力的即是"普遍和谐观念"、"内在超越精神"和"内圣外王之道"三个问题。

"普遍和谐观念"是汤一介在 1992 年前后以"天人合一"的理想和推崇"和为贵"的宗旨,从"自然的和谐"、"人与自然的和谐"、"人与人的和谐"及"人自身内外身心的和谐"4 个方面指出,"普遍和谐"是儒家思想最宝贵的资源,也是中国文

---

[1] 刘树先:《文化与哲学的探索》,第 89 页。

化的独特价值。

汤一介认为,在科技发达、人类扩张与自然严重失衡的情况下,"普遍和谐观念"更尤为凸显重要。因此,人类面临的应是:和平与发展。人类发展的前景必须是"和平共处",国与国、民族与民族、人与人之间应建立一种和谐的关系。而"发展"就必然涉及对"自然"如何合理的开发和利用,即"人"和"自然"之间应建立一种和谐关系。

在我国构建和谐社会、全球倡导"低碳"生活,努力实现人与自然协调的形势下,汤一介提出的"普遍和谐观念"就更加具有前瞻性和积极性。因此,汤一介主张的这一观念,不仅适时顺应了当代社会的发展,也推动了中国文化走向世界,更是对人类贡献的最有价值的成果。

汤一介对当代儒学探讨的第二个问题就是"内在超越",是西方以基督教伦理为核心价值的宗教文化和中国传统的儒家伦理激烈冲突引带出来的问题。由于近代西方文化的发展,无形中确立了其具有超越性的一份优越感。相比之下,西方学术界主流认为中国文化不具超越性。汤一介于1987年在香港第一届儒—耶对话会议提交了《论儒家哲学中的内在性与超越性》一文,开始探讨"内在超越"问题。

在这以后,汤一介又连续在他完成的有关儒家、老庄、玄学和禅宗的内在性与超越性的著作中,分别以中国各个时期思想家的学说为例指出,在中国除了儒家思想,实际上中国各哲学大家也都以"内在超越"为主旨讲内在性。而且中国文化有很强的同化能力,除了"内在超越"的特性之外,本身也有"外在超越"的资源,再加上向西方学习,一定可以弥补自身的缺陷,建立一个既包含"内在超越"又有比较多的"外在超越"可言的新哲学系统。

汤一介对"内在超越"的探讨,无疑让长期以来处于强势地位的西方文化界对中国当代儒学的发展刮目相看,更让汤一介成为上个世纪 80 年代刚刚开放的中国大地哲学界一位当之无愧的开拓者。

"内圣外王"作为儒家思想最为核心的价值理念之一,向来存在争议。近代梁启超、熊十力及牟宗三对"内圣外王"的诠释也常常遭到非议。汤一介则在《中国传统文化中的儒道释》和《我的哲学之路》著作中,以大量的历史实例,详尽总结出了"内圣外王"理论的正面意义和价值,这无疑亦是汤一介在中国当代儒学研究中的又一个突破。因此,景海峰先生说:"……应该是中国哲学的宝贵资源,对矫正世道人心和构建和谐社会均大有裨益。"①

□6. 探索中国解释学

汤一介开始关注创建中国解释学问题是在上个世纪 90 年代末。在完成了《能否创建中国的解释学?》后,汤一介指出:"也许我不是一个能把某一'哲学问题'讲深讲透的学者,但我却是一个可以不断提出新的'哲学问题'的人。本来我打算对'中国哲学的内在超越问题'写一本书,但是由于亨廷顿提出'文明冲突论'以后,我就把注意力转移到'文化问题'讨论上了。1998 年是北京大学百年校庆,《学人》杂志约

---

① 景海峰:《事不避难,义不逃责:汤一介对新时期中国哲学的贡献》,选自《探寻真善美——汤一介先生 80 华诞暨从教 55 周年纪念文集》,北京大学出版社 2007 年出版,第 194—195 页。

我写一篇'学术笔谈',这促使我又来考虑'中国哲学'问题了。西方'解释学'（Hermeneutics）又可译为'诠释学'或'阐释学',已经传入多年,已有不少学者翻译了西方学者这方面的书或者出版了这方面的著作,并且也在研究哲学、文学、宗教、艺术等等学科上运用了解释学的方法。这时,我想西方有解释学,中国有很长的解释经典的历史,那中国是否也有中国的解释学,或者我们可以借鉴于西方的解释学而建立中国的解释学？于是我写了一篇短文《能否创建中国的解释学？》,这篇文章主要是把问题提出来,希望引起大家讨论。"

紧接着,汤一介又撰写了《再论创建中国解释学问题》、《三论创建中国解释学问题》、《关于僧肇注〈道德经〉问题——四论中国解释学问题》、《"道始于情"的哲学诠释——五论创建中国解释学问题》以及《释"易",所以会天道人道也》等多篇文章,对"中国解释学"的创建问题作了诸多方面的探讨。这些探讨,不仅对创建"中国解释学"起到积极引路的作用,更得到学术界的认同。

虽然由于中国传统的儒家文化的特点给创建中国的解释学带来一定的困难,目前创建"中国解释学"还仅仅是一个设想,但是从汤一介开始关注中国解释学开始,无论是他倡导把西方的解释学理论运用到中国经典的现代诠释方面,还是他归纳总结中国经典解释史的特征和规律方面,无一不表明,为创立中国自己的"解释学",汤一介首先身体力行,著书探讨,并为"中国解释学"今后的发展指明了道路和方向。这是汤一介为弘扬中国传统文化做出的又一贡献,亦是汤一介强调哲学的民族性,文化的多元性之难能可贵所在。

7. 国际间的"文明对话"

这一时期,汤一介又带动国内一批文化学者,围绕"文明共存"展开了国际间的"文明对话"。这一活动起源于1993年时美国哈佛大学教授亨廷顿发表一篇题为《文明的冲突》之长文后。

亨廷顿这篇文章的中心论题即是,今后一个阶段,世界的形势将继续以"冲突"为主旋律,而且根源是由于文化的不同引起的。文章中有一段是这样写的:

> 我认为新世界的冲突根源,将不再侧重意识形态和经济,而文化将是截然分隔人类和引起冲突的主要根源。在世界事务中,民族国家仍会举足轻重,但全球政治的主要冲击将发生在不同文化的族群之间。文明的冲突将左右全球政治,文明之间的断层将成为未来的战斗线。

亨廷顿认为,新世界冲突的根源,将主要发生在"西方文化"和"非西方文化"(儒家文化与伊斯兰文化)之间。而这种"异文明间的种族暴力冲突的升级最危险,也最可能成为导致世界大战的原因";"未来的危险冲突可能会在西方的傲慢、伊斯兰国家的不宽容和中国的武断的相互作用下发生"。

《文明的冲突》发表后,立即引起了海内外广泛的讨论。汤一介立即以及大的关注在1994年发表了《评亨廷顿的〈文明的冲突〉》一文,对亨廷顿明显地宣扬"霸权主义"的论点进行了批评,此后中外许多学者都对亨廷顿的理论从各个角度进行了讨论或者提出了批评。这就是在上个世纪 90 年代后期围绕"文明冲突"与"文明共存"展开国际间"文明对话"的一件文化大事。

后来亨廷顿和一些持同样观点的西方学者又相继发表公开宣扬崇尚军力,扩张的"霸权"思想的文章,这无疑又引起巨大争议。这种形势下,汤一介又以高度的热情和敏锐观点写出了《"文明的冲突"与"文明的共存"》等文章。

关于《"文明的冲突"与"文明的共存"》一文,汤一介曾在 2004 接受采访时就此文作了如下谈话:

> 我刚写了一篇文章,准备在清华(大学)演讲,题目是《"文明的冲突"与"文明的共存"》,就是针对这个问题谈的。我是想,它(人类各种文明)必须共存。世界上现在主要是四种文明:东亚、南亚、中东、欧美文明,这四种文明都有非常长的历史,而且覆盖面都有十亿以上的人口。你怎么能不共存呢?从历史上讲,有那么长的历史,你怎么消灭它?从它有十亿以上的人口,你怎么去消灭?不管美国怎么称霸,它没法消灭伊斯兰文明啊。特别是'二战'以后,殖民体系瓦解,民族复兴,建立自己的国家,最基本的问题就是建立自己的文明,区别于别国的文明。比如马来西亚建国,做的第一件事情是定马来语为国语,其他语言不能是国语;以色列也是一样,希伯来语本已经不是一种通用语言,但它复国以后,把希伯来语定为通用语言。语言和宗教是文

化中最重要的部分,所以西方中心论破产以后,不可能建立一个东方中心论,只能共存。

亨廷顿的思想是有所发展的。他后来写了一本《文明冲突与世界秩序的重建》,观点有所改变。他认为,西方特别是美国,有两大问题非常难解决:一大问题是原来的少数民族越来越膨胀,特别是黑人和墨西哥人;第二大问题,就是‘二战’后独立的国家越来越多,这些独立的国家都在学习西方的工业化,但却不要西方的价值观,他说这是不对的。他的希望是:不仅你要接受西方的工业化,也要接受西方的价值观。

这是做不到的,伊斯兰教怎么能全部接受西方的价值观呢,中国也不可能接受西方的全部价值观。所以前途只能是共存、互补。现在的世界是一个全球化的世界,你必须互相吸收,假如西方的民主好,我就吸收民主这一部分,伊拉克、阿富汗都是这样,但是它的基本信仰不可能改变。”

在当时全球化时代文化问题日趋复杂和文明走向明显呈离散化状态的形势下,汤一介发起的这一国际间的“文明对话”,不仅促进和平,为世界带来和谐,而且将中国儒家文化的丰厚资源引入到当代文化的环境中,从而开辟了中国文化的现代转化和未来发展的路径,推动了中国儒家文化走向世界进一步得以发扬光大。而作为此次大规模“文明对话”引领人汤一介,其学术大师和学术领袖的形象,愈发享誉中国乃至世界。

此后,围绕“文明共存”展开国际间的“文明对话”,汤一介进而提出未来的世界主潮流应是文明的"融合"而不是"冲突",因而形成当今世界多元文化的发展,人类文明就像又开始了一次飞跃。这就是国际上很多学者在上个世纪末提出的"新轴心时代"的观念。汤一介是在 1999 年秋费孝通先生主持的学术讨论会上,把"新轴心时代"作为主题作了发言,后整理成文题为《新轴心时代的中华文化定位》,发表在《跨文化对话》第六期(2001 年 4 月出版),后又在多篇文章中讨论了这个问题,如《新轴心时代的哲学走向》(收入《玄圃论学续集——熊十力与中国传统文化国际学术研讨会文集》,湖北教育出版社,2003 年)。

对于汤一介论述的"新轴心时代"的观念,北京大学哲学系教授、儒学研究院副院长李中华先生是这样高度评价的:"汤先生提出的'新轴心时代'是对人类文明、轴心时代的思考,也是对中国文化的一种关怀。'轴心时代'对后代影响很大,后来的人类发展要靠对'轴心时代'的回顾。汤先生提出的'新轴心时代',是汤先生关心'轴心时代'和今天文明的发展,关注解决当今文明遇到的问题,反映出汤先生对人类文化,未来文明的关怀……"

□ 8. 国际学术交流之旅

1983 年,汤一介在美国罗氏基金会的邀请和赞助下,来到美国哈佛大学费正清研究中心作访问学者。开始走出国门的汤一介,从此在哲学研究的道路上又踏上了新的征程。

而蒙特利尔的第 17 届哲学大会,无论是对汤一介还是

对中国哲学,都有着非常的意义。因为这届会议第一次专门为中国特别设立了一个中国哲学的圆桌会议。而在以往,中国哲学都是包含在东方哲学的讨论组里进行讨论的。因此这次会议无疑标志着正在处于改革开放的中国哲学已经走进一个新的历史篇章。而做为蒙特利尔世界哲学大会中国代表的唯一发言人,汤一介则成为不可替代的揭开中国哲学走入历史新一页的开拓人。

汤一介与荷兰著名学者、荷兰皇家科学院院士施舟人先生共同主讲"关于中国文化多元性的对话"。

从此,中国哲学向世界打开了窗口,越来越多的海外新儒学学者和中国文化的学者走进中国,汤一介也因多次参加重大国际学术交流活动和被世界多所著名大学聘请担当客座教授而声名远播。

1984年夏,汤一介参加了在美国夏威夷召开的国际比较哲学讨论会,以"佛教传入中国的问题"为主题作了发言,得到了很多与会学者的积极赞同。

1985年,汤一介在纽约参加"第四届国际中国哲学讨论会"。在香港参加中文大学的"斗争与和谐"的国际讨论会,1986年在德国汉堡参加"第十九届亚洲与北非国际讨论会",1987年在美国圣迭戈参加"第五届国际中国哲学讨论会"等等。

在这些探讨中国哲学特点和中国哲学发展等诸方面的

国际学术交流会上,汤一介分别以"中国的和谐观念"、"中国当前学术发展的一些情况"为题目进行发言或者以海峡两岸学者对话的会议及与台湾学者的辩论等形式,向世界介绍了中国哲学的特点以及中国当前哲学的发展情况。

这期间,应加拿大社会科学院的邀请,汤一介来到加拿大麦克马斯特大学讲学和访问,并被聘为美国纽约州立大学分校哲学研究所研究员。在紧张的 3 个月任期的工作中,汤一介抓紧交流访问的时间空隙,又撰写完《魏晋时期的道教》的最后几章。

同一年,在香港商务印书馆建馆 90 周年的庆祝大会上"中国哲学发展前景"的演讲中,汤一介第一次提出的"我们发展的是吸收中国文化的马克思主义"与"吸收马克思主义和其他优秀文化的中国文化"之两种提法受到与会者的热烈讨论,最后很多香港学者都认为,后一种提法更适合中国。

20 世纪 80 年代末到 90 年代,汤一介的国际学术交流活动内容更加丰富,这其中有:在香港中文大学讲"基督教和佛教是可以对话的";在美国普林斯顿大学讲我国南宋时期出土的佛经《碛沙藏》;在比利时鲁汶大学讲中国出土文献;去韩国首尔大学讲"纬书神话"和《魏晋玄学与道教》;去日本参加由东亚学研究会主办的讨论会,向与会人员介绍中国著名学者梁漱溟的思想;在德国讲"庄子的自我和无我";去荷兰莱顿大学担任胡适讲座的主讲教授;去香港中文大学新亚书院担任钱穆学术讲座教授;去台湾参加国际中国哲学讨论会讲"创建中国解释学问题",发表论文"周易解释学",他还去西班牙,去布拉格……汤一介国际学术交流之旅的步伐,几乎走遍了世界各地。

汤一介出席"道家文化国际学术研讨会"。

　　自 1983 年担任美国哈佛大学访问学者后,汤一介又接连在美国俄勒冈大学、香港科技大学、澳大利亚墨尔本大学、加拿大麦克马斯特大学等校受聘担任客座教授。后在纽约州立大学宗教研究院任研究员;1992 年至 1994 年担任国际中国哲学会主席和第 19 届亚洲与北非研究会顾问委员会委员。

　　李中华先生曾对汤一介的国际学术交流活动给予高度评价:"汤先生一直主张对外来的文化必须要吸收优秀的东西。因此汤先生做到了建立广泛的学术联系,加强学术交流。而只有通过不断交流、对话才能解决纷争,才能发展,才能有动力。汤先生在国际学术交流的贡献,是人类文明发展的内在动力,更促进了文化多元化的发展。"

　　谈起国际学术交流的体会,汤一介说:"我认为,中国的学者必须走出去,这样才能向世界介绍中国的传统文化,才能让世界的学者了解中国,了解中国的学者在做什么。而中国的学者走出国门,则必须认真参加各种会议及各类访问交流活动,这样才能了解到其他国家的文化,了解到他们的学者在研究什么,在做什么。此外,通过到不同的国家交流和访问,我们还可以看到,和别的国家相比,我们自己到底有多大的差距。比如,人民的素质差距到底在什么地方,在办事效率方面,比较好的国家到底比我们高多少,等等。前些年,由于讲课等活动,我在国外呆的时间比较长,接触的人和事也比较多,在这方面就有一些感受,比如在居住环境和邻里相处方面。我和乐黛云在加拿大讲学时租住在一个教授的房子里,这名教授正好出门度假,所以他把房子租给了我们。住在那里我感觉他们的生活很有规律,那时还是上个世纪90年代,可居民们早已做到垃圾分类,小区管理也很到位。小区居民待人热情彼此非常友好。有一个加拿大的医生给我留下了很深刻的印象,他不单待人热情,而且很想了解中国,他经常和我聊天,并邀请我和乐黛云到他家吃饭。医生在国外不单是收入高,而且是很受人尊敬的职业,但这名医生不仅与人和睦相处,不摆架子,而且逢到下雪天,总会看到他走出家门带头扫雪。而这些,在我们这里是看不到的。这么多年,我们的垃圾分类仍然没有普及。我们住楼房的居民彼此来往也很少,比如我居住的这座楼,一共住了8户人家,我从1995年搬来居住,至今已有十多年,可是彼此却都不太认识。在小区的

汤一介、乐黛云受聘东南大学。

居住和管理方面我们确实做的还不尽如人意,我觉得这就是我们的差距吧。"

多次走出国门的汤一介不仅获得了成绩和荣誉,也得到了很多待遇丰厚的工作机会,但他一心报效祖国、为中华民族传统文化奋力拼搏奉献的志向却从未改变。不管走到哪里,汤一介心中的根都牢牢地扎在祖国的大地。

1990 年汤一介与夫人乐黛云双双获得加拿大麦克马斯特大学荣誉文学博士学位后,又接到了该校对他们发出担任客座教授 4 年的聘任书,在麦克马斯特大学的盛情邀请面前,汤一介和乐黛云却拒绝了。

他们觉得,祖国需要他们,祖国的事业在等着他们。而 4 年的时间太长了,因为他们的根在中国,最后他们只答应麦克马斯特大学讲学半年。后来在美国定居的汤丹和汤双也多次要为他们在美国办"绿卡",但是他们仍然拒绝了。

对此,他们丝毫不后悔。汤一介说:"我和乐黛云完全可以在 20 世纪 80 年代移民美国,但我们总认为'我们的事业在中国',儿女们要为我们办'绿卡',我们一直没有同意。从 1983 年起几乎我每年都会或开会或讲学到美国。1990 年 9 月,加拿大麦克马斯特(McMaster)大学授予我和乐黛云荣誉文学博士学位,并聘请我们在该校任客座教授 4 年,我们谢绝了 4 年客座教授的任期,只答应第二年(1991 年)到该校讲学半年。对没有移居国外,我们不仅不后悔,而且为之庆幸,因为我们在国内多少可以为我们的人民做点事。二十多年过去了,可以扪心自问,我们是在为中华民族的学术文化事业,为中外学术交流,做了我们力所能及的事。我们在国内外学术界有许多朋友,我们是幸福的。"

第七章 《儒藏》春秋

□ 1. 创办中国文化书院

关于创办中国文化书院和《儒藏》的编纂,景海峰先生曾这样高度评价汤一介:"汤一介二十多年来所做的工作,秉承了中国文化的优良传统,恪守'士'之本分,坚持学人之良知,以现代知识分子的学术理念和敬业精神,鞠躬尽瘁,勇往开拓,取得了灿著于世的成绩。其中,他投入精力最多、花费时间最长,也是最有影响的两件工作:一是创办中国文化书院,领导了这间将在 20 世纪的中国学术史上留下重要印记的民办学术机构;二是发起《儒藏》的编纂,主持了这样一项新世纪巨大的学术工程。"①

因此,从 20 世纪 80 年代一直到 21 世纪,汤一介在挑起《儒藏》编纂的重担之前,最大和最有影响力的工作就是创办了中国文化书院。

---

① 景海峰:《事不避难,义不逃责:汤一介对新时期中国哲学的贡献》,选自《探寻真善美——汤一介先生 80 华诞暨从教 55 周年纪念文集》,北京大学出版社 2007 年出版,第 199—201 页。

　　创办中国文化书院始于 1984 年,那年 8 月,汤一介正在美国夏威夷参加"亚洲哲学与比较哲学讨论会"。国内在北京大学哲学系中国哲学史研究室与汤一介一同工作的几位同志一起给当时的中国共产党总书记胡耀邦同志写了一封信,他们在信中表示,应该建立一所"中国文化书院",以作为研究中国传统文化的民间机构。

　　自 1949 年新中国成立后,各地民办形式的书院逐渐消失,公办大学就成为中国国内唯一的高等教育机关。这种局面随着 20 世纪 80 年代政策的开放及各种改革新思潮的随波兴起而改变。北京大学哲学系中国哲学史研究室的同志们正是在这样的形势鼓舞下,带头发起酝酿筹备创办中国文化书院。也是在这个形势下,从美国归来的汤一介立即被哲学系中国哲学史研究室的同志们一致推举为中国

汤一介与乐黛云在中国文化书院。

文化书院的负责人。

　　在汤一介和北大哲学系中国哲学史教研室的同志们的共同努力下,中国文化书院终于在这年 12 月成立,汤一介被选为中国文化书院首任院长。

　　从当时的历史环境和时代背景看,汤一介创办中国文化书院无疑适时顺应社会发展和时代呼声。因而当年的中国文化书院不仅得到了众多著名学者的支持,也取得了丰硕成

果,更在当年产生了深远影响并起到了促进中国文化发展的积极意义。

在汤一介的领导下,当年的中国文化书院不仅聘请到梁漱溟、冯友兰、张岱年、季羡林、周一良、庞朴、杜维明等70多位海内外的学术界著名大家学者为导师,更举办了多次大型的各类学习、函授班和召开国际性的学术讨论会。

在以"如何认识中国传统文化"为主题的第一期学习班中,很多著名学者担当了学习班演讲的导师,他们当中既有梁漱溟、冯友兰、吴晓铃、牙含章等老一代著名学者,也有汤一介、乐黛云、庞朴、李泽厚等近60岁的学者以及美籍华人学者杜维明教授。

导师们以如何看待"中国文化"为主题,分别从"肯定"、"批判"、"分析"等角度讲述的中国传统文学和介绍外国文化研究情况的精彩演讲受到了学员们的热烈欢迎。而梁漱溟先生在这次讲习班上以"中国文化要义"为题作的两个多小时的演讲,更是引人注目。这是自1953年梁先生受到批判后的第一次的公开演讲。可以说这是中国学术界的一件大事,更为中国文化书院的历史记下了不可磨灭的一页。

而在书院举办的有1万2千多人参加的"中外文化比较研究"函授班中,不但学生人数众多,而且生源来自全国各地。参加的学员不仅有学生、教师、医生、记者、编辑、政府工作人员,还有工人、农民、解放军战士和家庭妇女,其中既有学富五车的大学教授,也有文化水平不高的农民。

为办好这一期庞大的函授班,中国文化书院采用了函授与分地区面授的方式进行教学。书院院长汤一介更是带头深入到兰州、银川、呼和浩特等地亲自面授。学员们学习热情非常高,有的甚至要步行几百里赶来听课。因此,无论是

学习班的多彩内容，还是函授班的庞大场面，都可以让我们看到当年中国文化书院蓬勃办学的盛况。

为开展与海内外及海峡两岸学术界广泛的文化交流活动和文化讲座，中国文化书院还先后主办了"梁漱溟思想国际学术讨论会"、"中日走向近代化比较研究国际学术讨论会"、"纪念五四运动七十周年国际学术讨论会"等各类国际性的学术讨论会，并成功举办了13届"蔡元培学术讲座"和14届"汤用彤学术讲座"。

此外，为出版大批系列专著、文集、教材、资料集等，中国文化书院又做了大量工作。这其中有：庞朴主编的《中国文化与文化中国丛书》，以院长汤一介为主编出版的5套书，即《中国文化集成》、《二十世纪中国文化论著集要》、《20世纪西方哲学东渐史》、《道家文化研究丛书》及《国学举要》。

在这之后，中国文化书院还准备再出第六部仍由汤一介任主编的500余万字、14册的巨著《中华佛教史》。遗憾的是，由于有几位作者没有写，或者是没有写完，这套书到现在仍没能得到出版。

在20世纪80年代改革开放初起的中国大地，中国文化书院的这一系列活动，无疑为传播和研究中国文化起到了积极的推动作用并产生了深远影响。因而也可以说，中国文化书院是当年中国大地"文化热"的主要推动力量和代表性的一派，对那个时期的中国文化研究起到了不可替代的促进作用。

而中国文化书院的创办人和首任院长汤一介更是为开展书院的事业付出了巨大心血和艰苦的努力，因此中国文化书院取得的辉煌成绩，离不开汤一介的倾情付出和卓越贡献。

创办中国文化书院距今已20多年，但是汤一介为弘扬中国传统文化书写的辉煌一页仍是不容置疑和令人难忘的。

正如景海峰先生所说："……尽管中国文化书院由于各种各样的原因，特别是因为时代条件的改变，现在已经不像以前那么'红火'了，但它的'曾经辉煌'，已经写入了历史，汤一介为此而付出的努力，也已成为他'事功'簿记中最浓墨重彩的一笔。"①

2. 挑起《儒藏》编纂重担

2003 年，教育部正式批准由北京大学主持制定，汤一介为首席专家的"《儒藏》编纂与研究"方案作为哲学社会科学研究重大课题攻关项目立项。从此，76 岁的汤一介以更加雄劲的步伐在哲学道路上跨入新的里程碑。

2004 年，全国哲学社会科学规划办公室将"《儒藏》精华编"列入国家社会科学基金重大项目。同年，由北京大学牵头，汤一介挂帅的《儒藏》编纂工程正式启动，全国 25 所高校和

汤一介为《儒藏》呕心沥血。

---

① 景海峰：《事不避难，义不逃责：汤一介对新时期中国哲学的贡献》，选自《探寻真善美——汤一介先生 80 华诞暨从教 55 周年纪念文集》，北京大学出版社 2007 年出版，第 199—201 页。

社科研究机构的数百位学者加入到《儒藏》编纂的队伍。2006 年,《儒藏》工程被列入"十一五"国家哲学社会科学研究规划和"十一五"国家重点图书出版规划及重大工程出版规划。中国文化只有《佛藏》、《道藏》没有《儒藏》的历史终于即将改变,而改变这一历史的带头人就是汤一介。

编纂《儒藏》是一项集录中国历代儒家思想文化经典,预计须耗时 16 年(目前看则需几十年)的浩大工程。然而汤一介义无反顾、欣然全力挑起这一艰难而巨大的重任。

汤一介能够成为《儒藏》编纂工程的首席专家,挑起《儒藏》编纂中心主任的重担亦绝非偶然。这一切源于汤一介的深厚学养和他在学术界德高望重的地位。因此中国学术界很多知名人士对汤一介被任命为国家《儒藏》工程的首席科学家都给予高度评价。北京大学副校长吴志攀说:"汤一介之所以能在如此高龄的时候来担任首席科学家,是源于他的人品、经历、组织能力以及在中国古代哲学界都有极好的口碑。"

南开大学历史系教授来新夏说:"我从《中华读书报》上,读到北京大学汤一介教授主持编纂《儒藏》的消息,甚感欣悦,因为这是儒生们数百年来的宿望……自《四库全书》纂成,又经二百余年,汤一介教授出而倡导编纂新'儒藏',可称一大功德。"

中国社会科学院哲学所研究员陈静教授说:"汤先生领导的《儒藏》编纂实际上就是整理经典的工作。当我们在经典的阅读中再一次温习先哲的理想,当我们沉思先圣的教诲而终于领略到他们博大深远的胸怀,也许我们面对世界就知道该说什么了,也许我们又会获得一套属于中国人却又说给世界的话语,到了那时,中国难道不能再一次成为典范?"①

□ 3. 实现"梦想"

完成《儒藏》始终是汤一介要实现的一个"梦想"。早在1989年的秋天,在中国文化书院一个小的聚会上,汤一介和大家一起讨论"我们能做什么"的时候,他就提出了编《儒藏》的问题。后来在1990年时汤一介又一次提出来要编《儒藏》。因为那个时候正好有一个叫范业强的企业家提出来要支持汤一介编《儒藏》,可是没有想到他的企业没有搞好,结果这个企业家后来就没有钱支持汤一介做编《儒藏》的事情了。虽然如此,汤一介一直想编《儒藏》的愿望却从未改变。

在汤一介的心目中,编纂《儒藏》是中国传统文化迎接未来新挑战所构建的一项重大而伟大的工程。完成《儒藏》编纂工程是中国人义不容辞的责任,因此这个伟大的工程必须由中国人自己来完成。

也曾有人在采访汤一介时对实施《儒藏》编纂这个学术工程提出疑问,如:清朝学者纪晓岚主持编纂的《四库全书》中,如果去掉佛、道、韩、墨的内容,其实就是一部《儒藏》。虽无《儒藏》之名,但有《儒藏》之实。又何须再耗费巨大人力财力再编一部?

汤一介对这一质疑的看法是,《四库全书》内容虽然接近于儒家总集,但其修纂未善,错漏不少,体例未必全符,另外,虽然《四库全书》以及《续四库全书》、《四库禁毁书目》已经把

① 摘自《光明日报》2006年3月19日第5版。

儒家的大部分书目都包含进去了,但都是没有标点的木刻抄写版,现在的人用起来非常不方便,并且能看到的也都是影印本。而我们要做的,不是影印本,而是标点排印本,而且有校勘记,还可以做成光碟,便于大家检索,便于普及利用,比《四库全书》利用率大得多。更何况还有大量有价值的儒家典籍没有被收入《四库全书》。

此外,汤一介还撰写了多篇文章从几个方面论述为什么要编《儒藏》以及编纂《儒藏》的深远意义。在这些文章中,汤一介首先指出,在中国历史上,中国的传统文化思想历来是儒、道、释三分天下。但自宋朝以来,历代王朝就都编有《佛藏》和《道藏》,20世纪80年代以来我国又编辑出版了《中华大藏经》和《中华道藏》,却惟独没有编出过《儒藏》,这不仅与儒家在中国历史文化中的主流地位极不相称,更不能满足传统文化的整理与研究的日益广泛深入的需要。明、清两代虽然也曾有学者提出编纂《儒藏》的建议,例如明末曹学佺曾是首先倡导者,清朝的周永年也曾作《儒藏说》,这些都得到了很多学者的响应,但终因工程浩大,没有能够实行。虽然如此,但明朝学者编了《永乐大典》,清朝学者编了《四库全书》,这显然和明清学者对编纂《儒藏》建议是有关的。

汤一介还指出,在中国历史上,对《佛藏》、《道藏》的编纂是靠寺院经济支持做起来的,但中国的儒家不是一个宗教派别,他没有寺院经济,因此,《儒藏》应该由国家来做。而且随着社会的发展,我们现在已经具有现代的科技手段,这些不仅可以为我们提供以前达不到的便利条件和保存方式,还可以为我们大规模的整理和传播中国儒家文化奠定良好基础。而且我们不仅要把中国的儒家文献典籍包含在内,还要联合日本、韩国和越南等国家的学者一起把这些国家用汉文写作的儒家典籍也包含在内。因为在早期，日本、韩国、越南的典籍很多都是用汉文写作的。

这让我们看到，《儒藏》不仅仅限于中国儒家文化，更深远的意义还是面向世界。因此也可以说，《儒藏》的编纂同样具有世界意义。就像日本学者岛田虔次曾经说过的："孔子的精神文明不仅仅是中国的精神文明，也是全东亚的精神文明。"

汤一介在接受《邯郸学院学报》常务副主编康香阁采访时也说："对，有世界意义，所以我们没叫《中华儒藏》。不像我们国家 20 世纪 80 年代编的《佛藏》叫《中华佛藏》，《道藏》叫《中华道藏》。"

4. 无悔的追求

对于汤一介欣然受命《儒藏》编纂首席专家，后来也曾有记者在采访汤一介时提问过诸如"您现在正在主持编纂《儒藏》是一项浩大的文化工程，历时十几、二十年才可以完成。听说这个工程是您最初提出设想的，您是怎么考虑的？"以及"《儒藏》工程规划了 16 年，但是今年您已经 77 岁了，您有没有考虑过，可能您这一生，也不会完成这样一项工程了？"之类的问题。

汤一介的回答是："必须做，编纂《儒藏》是我国一件当务之急的大事。因为只有儒家思想才是中国文化的正统思想，而且深刻影响了中国社会文化的各个方面。今天对中国文化的传统主流做一次系统的整理，不仅会对我们的民族发生重大影响，而且可以让世界了解中华民族的历史传统，了解

中华文化。"

自 2004 年《儒藏》编纂工程正式开始至今,已是第 7 个年头。7 年中,汤一介也经历了诸多的困难和挑战。然而,无论是面对"人才奇缺"、"学风不好",还是"资金不到位"等各类工作中的问题,汤一介始终全力以赴,以一颗赤诚的心坚定地面对《儒藏》的编纂工程。

在汤一介的带领下,《儒藏》(精华编)36 本已经完成,这是汤一介在 2010 年为完成《儒藏》(精华编)330 本的编纂工作和编一部《儒藏总目提要》制定的 10 年规划的内容之一。目前《儒藏总目提要》的第一步《儒藏总目》已经开始进行。

此外,汤一介还曾谈到他为《儒藏》编纂工程提出了一个非常高的标准:"有的记者问我,你编纂《儒藏》的标准是什么?我说我的标准是,我编了《儒藏》之后一百年不会有人来超过我的,而且世界上通行的儒学研究的本子就是我这个本子。"

《儒藏》的编纂工程无疑是巨大和艰难的,但是汤一介义无反顾地接受了这一项浩如烟海又繁冗复杂的工作,这种生命理想般的执著,既是汤一介无悔的追求,亦是一代哲学大家惯有的风范。

☐ 5. 成立北京大学儒学研究院

2009 年 12 月 4 号,北京大学正式批准成立儒家研究院,这是汤一介哲学生命又增添的新血液,也是长期以来汤一介一直想做的事。从很早的时候汤一介就看到,教育部在四川大学设有一个道家道教研究基地,在中国人民大学设有一个佛教研究基地。可是教育部还没有在哪个大学设立一个专门研究儒学的基地。

从我们国家整体来看，这种情况说明儒学研究在中国的教育领地所处的地位是不尽如人意的。因此，汤一介在20世纪90年代就曾提出要建立这样一个基地，如果要把这个儒学研究基地放在北京大学，北京大学就要有一个机构来做这件事情。

但是也有人认为，在北京大学建立一个儒学研究院与北京大学的传统不相吻合。因为北京大学在人文学科方面的思想也是各种各样的，而且北京大学是"五四"运动的发源地，是批判儒学的地方。当年以陈独秀、李大钊为代表的激进派和以胡适为代表的改良派联合起来举起"打倒孔家店"的大旗，批判传统儒家思想，提倡西方的科学与民主。所以，有人认为北京大学是中国激进主义产生的摇篮，不适宜建立儒学研究院。

但汤一介认为，五四时期是想把中国传统中糟粕的东西去掉，并不是要抛弃整个传统。如今北京大学已经有了这样一个基础。一是已经完成了9卷本的《中国儒学史》，二是计划完成330本的《儒藏》(精华编)已出版了36本。而成立儒学研究院，就是要把北京大学文科各系研究儒学的力量整合起来，加强研究队伍的力量。因此也可以说儒学研究院同时又是一个开放的平台，通过这个平台，可以加强与国内外儒学研究机构之间的学术交流。

2010年6月29日上午，北京大学儒学研究院成立大会如期在英杰交流中心阳光大厅会场召开，这一成果，同样浸满了汤一介倾力付出的心血。按照汤一介的计划和安排，儒学研究院的成立大会，同时也是一个中国经学史的讨论会。

因此在会场上悬挂的大会横幅上写的是"北京大学儒学研究院成立大会暨中国经学史研讨会"。儒学研究院下一步的工作就是要做《中国经学史》的撰写工作,届时会把全国的一些学者请来,大家一起讨论中国经学史到底如何做。

成立大会上,作为北京大学儒学研究院的首任院长,汤一介在北京大学校长周其凤院士为大会致辞后作了发言。他指出,中华民族正面临着民族复兴的伟大使命,自古以来,儒学都是中华文化的主流,它影响着中国人生活的方方面面,是中华民族赖以生存和发展的根基。北京大学儒学研究院是在北京大学哲学系中国哲学研究室、《儒藏》编纂与研究中心、中国文化哲学研究所的基础上,联系多方面儒学研究力量建立而成。儒学研究院将开展一系列对人类社会有重大意义的项目,包括《儒藏》精华编的编纂、多卷本《中国儒学史》以及《儒学与马克思主义》等著作的编写。同时,儒学研究院将开展若干面向中国现实社会的核心课题,如儒学与道德建设、和谐社会等,并与各学术研究机构进行广泛的学术交流。在发言中,汤一介还对儒学研究院的发展前景充满坚定的信心,他相信,在多方面力量的支持下,北京大学儒学研究院必将取得更大的成绩。

汤一介与北大校长周其凤一起为北京大学儒学研究院揭牌。与会的还有著名历史学家、清华大学思想文化研究所所长李学勤,北京大学高等人文研究院院长杜维明、清华大学国学院院长陈来,武汉大学国学院院长郭齐勇等。他们在发言中都对北京大学儒学研究院寄予了由衷的鼓励和深切的希望。而这些,无疑也是汤一介一直以来努力追求和为之拼搏的。

北京大学儒学研究院终于成立了,汤一介在很长的时间里最想完成的一件事终于得以实现。在当今国际国内学术研究发展的形势下，北京大学儒学研究院的成立，无疑是北京大学发展进程中的一件大事。它不仅有利于整合北京大学原有的儒学研究资源，更会对培养新时代学术研究的人才，推进儒学研究的世界性和时代性产生深远影响。

因此，汤一介将北京大学儒学研究院的办院目标和宗旨总结成五句话，即："放眼世界文化潮流，传承儒学思想精粹，阐释儒学特殊理念，寻求儒学普遍价值，创构儒学新型体系。"

为办好儒学研究院，汤一介又亲自定出儒学研究院招收学生的标准：只招研究生，不招本科生，主要是研究课题。让研究生参与到课题中来，硕博是连读的。硕士阶段两年，主要学习训诂学、文字学、音韵学、考据学等，这是研究儒学必须具备的基本功。此外汤一介还对儒学研究院招收的学生提出一个要求，就是必须掌握一门外语，而且主要是英语。因为儒学研究院培养出来的学生将来要能与世界学术界进行交流，不懂英语就听不懂人家讲什么。这两年就是这两类课程，其他课可以不要，也不需要写论文，只要把课程学好。如果学不好，两年以后可以淘汰一批，学得好的，到博士阶段再写论文。

关于以后儒学研究院的发展规模，汤一介认为："现在的规模还不会太大，儒学研究院首先是作为一个平台，通过这个平台，把《儒藏》编纂与研究中心、北京大学哲学系中国哲学史研究室、中国哲学与文化研究所整合在一起，共同做课题、带研究生、开设儒学课程。下学期就准备开《中国儒学史》，请9个分册的主编，每人讲两个星期。每个主编就把自己研究的这一段的中国儒学史问题讲清楚。原来我们没有

开设过《中国哲学史》这门课,现在我们有条件开设这门课。北京大学儒学研究院不是一个封闭的实体,是一个开放的机构。"

北京大学儒学研究院的成立,是汤一介为弘扬中国传统文化作出的又一贡献,也是继接受《儒藏》编纂工程的重任后,汤一介又挑起的一副重担。因而也更让我们看到,一代国学大师在哲学研究的道路上仍然在前进的风采。

□ 6. 反对称自己为大师

汤一介在 80 岁寿辰时曾说过,时光倒流 50 年,或许他能成为一个哲学家,而现在他已经过了 79 岁,已经不能成为哲学家了。

因此,虽然汤一介在很早就有一个成为哲学家的梦想,但他却一向不称自己为哲学家,而且多次反对别人称自己为大师。在他的眼里,只有像王国维先生和陈寅恪先生那样的学者,才称得上是真正的大师。他们这些学者不仅取得了伟大成就,而且对中国哲学的发展起了巨大的推动作用,他们的思想与学术是真正值得研究的。

关于这方面,汤一介曾这样回忆:

> 我真正开始做哲学和哲学史的研究应该说是在 1980 年。这时我已经 53 岁了,但我没有气馁,仍然希望能为中国哲学和中国文化尽一点力。但毕竟最好的年华已经过去了,要想真正成为一名有创造性的、有重大影响的哲学家已不可能。"虽不能

尔,心向往之"而已。

在我年近80岁的时候,我曾想,要想成为一位有创造性的、为人们所公认的"哲学家"已经是不可能了。不过我仍可自慰,至少我可以算的上一个"哲学史家"。"哲学家"是要创造出一套思想,让别人来研究,而"哲学史家"是研究历史上哲学家的学者。但尚可告慰,在我编出这本《我的哲学之路》后,仍然可以看到我是在不断地研究着"哲学问题"。我探讨着中国传统哲学的价值所在;我思考着中国现代哲学的走向;我关注着当今人类社会存在的文化问题;甚至我还雄心勃勃地设计着"创建中国解释学"。我想,活着就应该不断地想问题,生活才有意义。

世事悠悠,几十年过去了,回想起来,颇多感慨。今天想来,我没有能成为一个"哲学家",从我自身说,也许我没有这个天分,哲学思想的发展往往是由"异端"突破而开创新的局面。必须允许对主流思想的质疑,甚至是颠覆性的质疑,才可以打破束缚人们思想的条条框框,才可以实现真正的"百家争鸣"而推动哲学的发展,而且这样才可能避免使思想"教条主义"化。我们期待着"哲学的春天"早日到来,这才是中华民族的福祉所在。

2010年5月,汤一介在接受康香阁采访时,又曾就"反对称自己为大师"一题,回答了康香阁的提问。

康香阁当时曾这样提问:"汤先生,您是中国当今健在的最顶尖的大学者之一,中央电视台、报刊和各大媒体都是这

么来介绍您,但您多次提出反对称您为大师,为什么?"

汤一介回答说:"你知道,我一向不把自己称为哲学家,而且我一向反对用大师这个称号。不管是中央电视台、凤凰台,一介绍我就说我是什么国学大师、哲学大师。一开头就讲我不是大师,现在没有大师。原因是我们没有提出一套理论,让世界上都承认,你现在研究学问往往用的还是西方的理论,你说我们谁的理论拿到国外去,大家都可以承认,没有,所以没有大师。为什么没有大师?我写了两篇文章,一篇是《自由是一种创造力》,只有允许自由思想、自由写作才可以创造,没有自由你怎么创造呢?还有一篇是《学术上不能有指导思想》,有指导思想就阻碍了百家争鸣,你要百家争鸣就不能有指导思想。一个在《南方周末》发表了,一个是在《南方都市报》发表了。"

康香阁说:"如果按照您定义的标准,确实没有大师,但我们认为您是中国当今最有学问的大家之一,这是大家对您学术成就的肯定和敬仰,所以,大家还是发自内心称您为大师,把您作为我们学习的榜样。尽管您自己不承认,但大家还是愿意这么尊敬您。"

对康香阁的话,汤一介回答说:"我说现在没有大师,是因为还没有一个思想的理论体系被大家普遍接受,还没有出过一本影响世界的划时代著作,比如,还没有出过像《新教伦理和资本主义精神》这样的著作,它已影响了西方世界上百年。20 世纪后半叶,我们为什么没有出现大师,为什么没有出现 20 世纪三四十年代那样的一批有创建的'哲学家'。对我来说,我想除了自己的天分不够,社会环境也没有创造产生'哲学家'的条件。没有'思想自由',把思想禁锢在一个框框里边,怎么能产生大师,怎么能产生划时代的著作。哲学思想的发展往往是由'异端'突破,而开创新的局面。必须允许对主流思想的质疑,甚至颠覆性的质疑,才可以打破束缚人们思想的条条框框,从而推动哲学的发展。"

汤一介与康香阁的这一段对话,不禁让我们看到,当今学术界称汤一介为学术大师,是一种发自内心的崇敬,是对汤一介学术成就的肯定和高度评价。虽然汤一介一直反对别人称自己为大师,但汤一介在当今中国学术界一代学术大家的辉煌地位和学术领袖的高大形象是不可替代的。

从"魏晋玄学"到早期道教的开课,从中国哲学的范畴体系到中国解释学的探索,从创办中国文化书院到挑起编纂《儒藏》的重担,从中华大地到世界各大城市,30 年的岁月,汤一介不畏辛苦劳顿,身体力行,不仅取得丰硕成果,更为中国哲学的开拓与发展做出卓越贡献,彰显出一代哲学大家之风范,成就了他无人可比及的辉煌业绩。

□ 7. 《儒藏》编纂工程的进展和成果

2011 年 3 月 30 日下午 3:30 分,北京大学《儒藏》编纂与研究中心的《儒藏》精华编赠书仪式在北京大学百周年纪念讲堂 202 会议室隆重举行。

在汤一介的主持带领和海内外几十家学术机构及数百位专家学者几年来的共同努力下,继 2010 年完成出版了《儒藏》精华编 36 册后,《儒藏》精华编终于正式出版了 40 册近 3000 万字,并在北京大学百周年纪念讲堂隆重举行向国务院参事室、中国人民大学国学研究院暨孔子研究院、国际儒学联合会、北京大学国学研究院、中国文化书院暨三智道商国

学院同学会等单位赠送北京大学出版社出版的《儒藏》精华编赠书仪式。

这是自 2003 年汤一介挑起我国哲学社会科学研究重大课题攻关项目"《儒藏》的编纂与研究"之重担以来,《儒藏》编纂工作取得的最新进展和成果。

北京大学校长周其凤、北京大学党委副书记杨河、国务院参事室党组书记兼主任陈进玉、中国人民大学副校长杨慧林、国际儒学联合会秘书长曹凤泉、中国文化书院院长王守常等出席了此次《儒藏》精华编赠书仪式。作为《儒藏》总编纂和北京大学《儒藏》编纂与研究中心主任,汤一介分别向国务院参事室、中国人民大学国学研究院暨孔子研究院、国际儒学联合会、北京大学国学研究院、中国文化书院暨三智道商国学院同学会等单位赠送了北京大学出版社出版的《儒藏》精华编部分分册和孔子像。

汤一介同时在捐赠仪式上表示,加强学术文化交流和得到更多对《儒藏》精华编的批评、建议和帮助,是举办这次赠书仪式的希望和目的。《儒藏》工程是建国以来最大的由中外学者在人文社科领域进行实质性合作的学术文化工程,正如日本学者岛田虔次所说:"孔子儒家思想不仅是中国的精神文明,也是东亚的精神文明。"中、日、韩、越在学术文化上的合作将有益于东亚地区乃至全世界的和平与发展。

赠书仪式上,北京大学校长周其凤、国务院参事室党组书记兼主任陈进玉、中国人民大学副校长杨慧林以及北京大学国学院导师邓小南等分别作了发言,他们在发言中共同表示,热烈祝贺北京大学《儒藏》编纂与研究中心取得的成果,并将全力支持《儒藏》的编纂和研究工作。

在汤一介的带领下,《儒藏》已经走过了 7 个年头。如今,《儒藏》编纂的工作已经有条不紊地展开。然而未来的道路依然漫长和艰辛,包括收录中国历史上具有代表性的传世文献和出土文献 400 余种、收录历史上受儒家文化影响最深的韩国、日本、越南等国家以汉文撰写的重要儒学文献 100 余种的《儒藏》精华编,还有 290 册、约 2 亿的文字尚待完成。而进一步收录中国历史上重要的儒学文献 5000 余种,大约 15 亿字的《儒藏》大全本已经完整列在计划中。

汤一介也已步入人生第 84 个年头,为《儒藏》他已献出了太多太多。然而这些都不能阻挡汤一介奋力前行的脚步,他依然在执著地拼搏,依然在前进。无论是气势磅礴的《儒藏》,还是构建以中国文化为主体又具有世界普世价值意义的理论体系,都是一代国学大师心中永远的热爱和追求。

第八章　生命之光依然闪烁

□ 1. "金婚"之家的"儒道互补"

历经风风雨雨几十年,汤一介和乐黛云由相识、相知、相爱至今早已走过了金婚之旅。谈起他们的"金婚"之家,汤一介认为,生活中他们虽然性格各不相同,偶尔也有些小矛盾,但都能很快化解。这是由于两人性格不同所形成的"儒道互补"。

汤一介对两个人不同的性格是这样看的:"我在性格上比较温和、冷静、谨慎、兴趣窄,不敢冒险,怕得罪人。而乐黛云的性格则是,热情、冲动、单纯、喜欢新鲜,不怕得罪人,也许和她有苗族人的血统有关。"

乐黛云则说:"汤一介做事情一板一眼,自己很累,看别人做不好也担心。他想的多,总是很忧心,不像我,做不好也就不遗憾了。汤一介知识很广博,却几乎没什么其他爱好。不抽烟,不喝酒,不爱应酬,喜欢听的歌也是那几首,喜欢看的就是几部好莱坞上世纪三四十年代的电影,知心朋友也就是几个。他是个恋旧的人。……汤一介生活很朴素,吃的菜就是那几样,对穿的不太讲究。他冬天戴的帽子是毛线的,想给他换一个皮的，或呢的，他死活不同意。在很多人的眼中，汤一介性格内向，……他其实是个很重感情的人，很爱小孩，也很喜欢你们年轻人，但是他不是很表现出来。和他聊久了，他会把掏心窝的话都说出来。"

性格不同，生活中的汤一介和乐黛云在为人处世和爱好方面也不同。汤一介一向温和、冷静的性格，表现的是儒家主张"和为贵"的态度。而乐黛云则是容易冲动，说话率直的道家庄子豪爽的做派。他们这种截然不同的性格，就如汤一介所说，形成了他们生活中的"儒道互补"。

比如他们当年在鲤鱼洲五七干校时，有一次连长请汤一介去讲课，当汤一介准备上场讲课时，连长却先讲了起来，而且罗里啰嗦讲了半天，让准备讲课的汤一介一直在底下等着。对此汤一介什么都没说，只是耐心地在台下等候。可是一向心直口快的乐黛云却冲着连长大声说："你请人家来讲课，怎么你老没完没了的讲！"

结果汤一介在讲完课后，就急忙向那位连长说："乐黛云是急脾气，你讲的那些很重要嘛！"因为汤一介觉得很过意不去。他担心乐黛云当着好多人的面这样打断连长的话，让连长因为没面子而对乐黛云发生误解。这就是他们截然不同的性格形成了"儒道互补"。

又如在喜好方面，汤一介是属兔的，乐黛云就喜欢在每次出国访问的时候买各式各样的小兔子送给汤一介做礼物。于是在汤一介的家中就有很多各式形态不一的小兔子。但是汤一介则喜欢送给乐黛云与小兔子完全不同的"大件"礼物，比如电脑、架电子琴，还有在瑞典皇宫买的价格一二百美元的丝巾等等。

大件礼物和小礼物截然不同，也是他们性格的不同，因

2010年，汤一介、乐黛云在北大校园。

此乐黛云说："小东西更好玩，更有情趣。这就是浪漫派和务实派的区别。"

在学习与研究中，不同的性格更显出汤一介的"儒家气质"与乐黛云的"道家风骨"。汤一介在写文章若遇到弄不清的地方时，一般都是先去查书，或者查字典、辞源之类。有一次，乐黛云问汤一介："'混沌'最早是不是见于《庄子》，"汤一介说："大概是吧！"可是后来汤一介查了《庄子引得》后发现，原来在《庄子》里没有"混沌"一词。为了确切，他又去查《辞源》、《辞海》。结果他查到，其中或说最早出于《易乾凿度》或者是《白虎通·天地》，而这两部都是儒家的典籍。

可是乐黛云听了却说："我文章中用庄子的'混芒'更好呢！"而且她在文章中就真的不用"混沌"而用"混芒"了。乐黛云如此"直言不讳"，汤一介只得说："我看'混芒'与'混沌'其实分别也不大。"这样的回答，汤一介笑称这是自己"不得不为之"的"随和"。因此他说："这大概又是一种'儒道互补'吧！"

比较喜欢求新是乐黛云一向的性格，因此在她的一篇文章中对《老子》的"有物混成"作了这样的新解："中国道家哲学强调一切事物的意义并非一成不变，也不一定有预定的答案。答案和意义形成于千变万化的互动关系和不确定的无穷可能性中。由于某种机缘，多种可能性中的一种变成现实。这就是老子说的'有物混成'。"

对于乐黛云关于"有物混成"作的新解，汤一介却有不同的看法，他对乐黛云说："不能这样解释吧！《老子》中说：'有物混成，先天地生'是说'道'这个浑然一体没有分化的东西，先于天地就存在了。"乐黛云说："你那个是传统的解释，没有新意。"

对于乐黛云明显推崇新意解释的回答，汤一介觉得自己是无法改变的，因此他对乐黛云说："我们就各自留自己的意见吧！我不想和你争论，因为我主张'和而不同'。"然而在汤一介面前，乐黛云是不会改变看法的。她坚持说："我赞成庄子说的'物之不齐，物之性也'。我们两个做学问的风格不同，这是由于我们的性格不同呀！"

通常情况下，汤一介和乐黛云从来不合作写文章，但很多人都会发现，在他们的文章中往往体现着互补性。对此，汤一介这样说："这就是因为'儒'、'道'在我国历史上本来就是互补的嘛！"

在太白文艺出版社出版的汤一介和乐黛云的随笔《同行在未名湖畔的两只小鸟》中，一半是汤一介的文章，一半是乐黛云的文章，他们都是各写各的。但是这本书的"序"是汤一介写的，乐黛云只是改了几个字。其中有这样一段："他们今天刚把《同行在未名湖畔的两只小鸟》编好，又计划着为青年们写一本总结自己人生经验的肺腑之作。他们中的一个正在为顺利开展的《儒藏》编纂工作不必要地忧心忡忡，另一个却对屡经催稿，仍不能按期交出的《比较文学一百年》书稿而'处之泰然'。这出自他们不同的性格，但他们就是这样同行

了半个多世纪,这是他们的过去,他们的现在,也是他们的未来。"

汤一介曾在几年前对他们的"金婚"之家的和谐、美满、幸福的生活作过感人的回忆:

> 我和乐黛云是 1952 年 9 月 13 日结的婚。"九·一三"林彪掉下来,这是不好的日子,是吗?十三在西方是不好的数字,但在中国是好数字,中国有十三经,小说《儿女英雄传》里最有本事的是十三妹,还有十三太保……我们结婚时当然没考虑这么多,但后来人家老说十三不好,我就要说十三好,总得找到根据。
>
> 我的婚姻应该说是非常好的,两年前,我们在北欧度过了金婚。我们去参加一个会,别人都回国后,我和她去了瑞典,在海边的一个旅馆里住了几天,回忆我们的往事。她送我一个兔子,她每到一个国家都想办法买一只兔子送给我,我送她一条丝巾,是在瑞典的皇宫里面买的,很贵,好像要一二百美元。
>
> 但这些都是小事,主要是多年来我们很好地生活过来,没有发生过矛盾,尤其是在很困难的时候,没有发生问题。
>
> ……
>
> 我们在困难的时候都是相互关怀和信任的,这在五十多年来是非常不容易的。所以我觉得我在二十五岁最重要的事件就是结婚。
>
> 我们常常在一起回忆我们的快乐时光:当北大

《儒藏》春秋　汤一介传

还在沙滩的时候,我们在景山下的图书馆读书,然后就去爬山;80年代我们一起去旅游,见到非常美丽的冰川。这中间的那几十年,我们都不愿再去想了。

对于历经坎坷,却依然走过美满、幸福的金婚之旅的汤一介和乐黛云来说,他们的性格是那么不同,可是为什么他们可以和谐相处地在一起生活了五十多年,而且会像他们说的那样,"一定会到我们离开这个世界的时候呢!"这一点,汤一介曾做了一段非常动人的总结:"这就是我们家的儒道互补。用什么话来说明我们五十多年的生活呢?生动、充实、和谐、美满?也许都是,可也许更恰当的应是由于我们性格上的不同所形成的'儒道互补'的格局吧!"

□ 2. 与书为伴

汤一介和乐黛云喜爱读书,也爱藏书,汤家的40000册藏书是汤一介和乐黛云的最爱,也是汤一介和乐黛云的骄傲。40000册藏书凝聚了他们几十年为藏书付出的心血,也见证了他们曾经走过的坎坷之路,而更多的,则是汤家三代人与书为伴的故事……

汤家的藏书中有一批宝贵的线装书,那是当年汤用彤教授省吃俭用,付出了无数心血的收藏。在颠沛流离的战争年代,汤用彤教授的佛经之类书籍在运往西南联大的途中丢失了一大部。后来迫于经济困难,汤一介和乐黛云又将其中一部分藏书分别售予南京大学和武汉大学。这两次藏书的流

汤一介、乐黛云 2009 年汤一介生日时在书房。

失,不仅让汤家父子痛惜不已,更使得保留下的汤家家传的线装书弥足珍贵。

　　此外,乐黛云的父亲乐森玮先生留给他们的书虽然不太多,但其中有一卷敦煌写经和一本明版的《牡丹亭》却是很难得。尤其是那本《牡丹亭》,不仅年代久远,而且是当年乐森玮先生送给汤一介和乐黛云的结婚礼物。更幸运的是,这本宝贵的明版《牡丹亭》虽历经劫难,却完好无损地保存了下来。

　　新中国成立前夕,人民解放军兵临北平城下,隆隆的大炮声中,爱读书的汤一介抓住了书价便宜的时机,一气买下了一大批既便宜又很珍贵的书籍。这一大批书不仅深得汤一介喜爱,更为汤家的藏书数量增添了许多。

　　在文化大革命中,汤家这些宝贵的藏书除了汤用彤先生一辈子珍藏的许多成套佛经每函被红卫兵小将抽一本拿走外，大部分都没有遭受损失。汤家的藏书能够奇迹般地保存大部，全得于汤一介在红卫兵小将"光临"后，找到了哲学系的红卫兵，请他们出面把那些书给查封起来。全亏了这些受过高等教育的红卫兵的"恻隐之心"，才使汤家的藏书保存了下来。

动荡的岁月中，汤一介和乐黛云被迫搬出燕南园住到了中关园周祖谟教授腾出的小平房里，汤家的藏书立刻占满了家中的空间。而汤一介的一双儿女正是在这个狭小的空间和汤家的藏书建立了深厚的感情。

后来，在美国定居的汤双博士曾这样回忆他和姐姐汤丹当年与汤家藏书的故事："与大多数年轻人在文革中无书可看的境况不同，由于我家近万册的书没有遭到太大的损失，给我们读书提供了一个得天独厚的好条件。在餐室兼客厅里，三面环墙都是几乎顶到天花板的大书架，每个书架都放了两三层书，另外过道里还有一排较小的书架。上中学的那段时间我读了不少杂书，我的朋友们也都时常到我家来借书看，所以从那些书中受益的远不止我一人。最让人怀念的也最有意思的，是几个朋友在一起翻书。'翻'有两层意思，其一，由于每个书架外层最显眼处摆的大都是《马克思恩格斯全集》、《列宁全集》、《鲁迅全集》等'革命'书籍，所以需要到'深层'去翻找我们感兴趣的书。其二，拿到一本书，大至一翻，如果看到什么好玩的章节就大声念给大家听，很多时候都让人捧腹不已。"

"正是这间储藏室在文革中一度成为姐姐的栖身之地。爸爸成了黑帮之后，我们被勒令腾房子，姐姐便和被查封的书一起搬进了这个房间。房间里顶天立地地堆满了各种'毒

草',在两个书架之间架上一块床板,姐姐便睡在这'毒草'丛中,博览群书。姐姐那时不过十二、三岁,有些书根本看不懂,但就此养成了读书的习惯。姐姐还认识了一些北大学生(都是红卫兵),他们也喜欢到这儿坐坐,借几本'毒草'回去'批判'。他们玩笑地称这块乐土是'资产阶级窝儿'。那是一段非常难忘的日子,虽然爸爸妈妈都进了劳改队,外界压力很大,但生活是充实的,还有几分快乐。……"

20世纪80年代以后,汤一介和乐黛云的藏书开始增多。因为这时他们已经恢复了正常的工作并被评上教授。随着多次的出国讲学,他们又在美国和中国香港买了很多英文版书和台湾出版的书。虽然这些书让他们把讲学得到的酬劳几乎全部花光,但是由于工作需要和对书的喜爱,他们仍然乐此不疲。而且只要是和他们两人各自专业有关的文学、历史、哲学方面的新书、好书,他们就都想统统买回家。

后来随着经济条件的好转,汤一介和乐黛云买起书来更加随心所欲,而同时给他们送书的人也越来越多。于是汤家的藏书源源不断地增加。

书越来越多,藏书的空间也就越来越小,因此,汤一介和乐黛云也就经常会为怎样放书和找书而发生争执,争执的结果,自然是性格豪爽、具有"道家风骨"的乐黛云获得胜利,而性格内向,坚守"和而不同"的"儒家书生"汤一介只有退让三分,最多只是发一发牢骚而已。对此,乐黛云曾撰文这样描述:

> 当然,我和老汤都愿意把自己爱用和常用的书放在显眼、好拿的地方,可是这种地方有限,该放谁的书呢? 在这种争执中,我常常打胜仗,因为,第一,他个儿高,我个儿矮,他得让我三分;第二,我很

少看哲学书,他却常看文学书籍,从利用频率来看,哲学也该让着文学;第三,我会耍赖皮,他拿我没有办法。这样一来,他的书大半被驱逐到了非用梯子拿不到、非搬开前两层瞧不见的"流放地"。他这个好脾气的人有时也难免发牢骚,嘟囔几句:"这么难找,还不如到图书馆去借呢!"我也有点为我的跋扈惭愧,但也无法可想;况且,我还有一道挡箭牌:"我早就说处理掉一批,谁叫你不听?"

20世纪90年代,汤一介和乐黛云搬到了他们现在居住的朗润园,终于可以好好码放一下他们心爱的藏书了。可是他们高高兴兴地在装修好的房间里把高大的书架全都装满书后才发现,还有几乎一半的书籍"无处容身"。他们的藏书实在是太多了!可是他们却一本书都舍不得扔掉。无奈他们只好租了一间小屋,仍然放不下的就只能借放在文化书院的办公室了。

汤家的藏书越来越多,可是汤一介却总也做不到像乐黛云说的那样"处理"掉一批书。他实在是太喜欢他的藏书,而且总是觉得说不定什么时候,他们家中的哪一本书就会成为"世界唯一"的珍本。

当年汤一介和乐黛云在贫穷的时候,为解生活燃眉之急卖掉了一套武英殿版的《全唐文》。为此汤一介一直觉得很对不起父亲,不该把父亲一辈子省吃俭用好不容易才买到手的书卖掉。后来,他一直想把这套书重新买回来,但几十倍的价钱也买不回来了,只好买了一部铅印本。乐黛云永远忘不了当年卖掉书后,汤一介呆呆地看着那一格空荡荡的书架时流露出的满脸凄惶。

他们是这样喜爱他们的藏书,可是 2010 年从美国归来后,汤一介和乐黛云做出决定,他们最后将把 40000 册的宝贵藏书无偿捐献。虽然从感情上讲,他们最愿意由他们的子女来继承这些藏书,但是儿女们在美国已有自己的事业。而他们正在一天天变老,因此他们做出了这个决定。

对于哲学家汤一介来说,他的藏书中除了哲学名著外,更有大量的中国古代文化、历史哲学的书籍。而对于中国比较文学学会会长乐黛云来说,她的藏书中则有大量完整的中国、西方比较文学方面的全套书籍。更为难得的是,乐黛云还保留了所有开会的资料、记录和杂志。这些书籍和资料完全可以为年轻的比较文学研究人员提供丰富的资料。因此,汤家的 40000 册藏书更是我国学术界一笔难得的财富。

2010 年 2 月,汤一介被聘为北京外国语大学文学院名誉院长,乐黛云则一直在北京外国语大学负责招收博士生。北京外国语大学是重点培养外语人才的大学,他们的文科书籍比较少,目前他们又正在修建一个图书馆。因此汤一介和乐黛云决定,他们的 40000 册图书将全部无偿捐献给北京外国语大学。

从汤用彤到汤一介和乐黛云,再到汤丹和汤双,40000 册藏书无言地承载了汤家的家风家训,承载了汤家三代人的理想和追求,更是一段汤家三代人与书的完美故事。

□ 3. 子孙成了美国人

汤一介的女儿汤丹和儿子汤双早在 20 世纪 80 年代就去了美国读书,后来他们都学业有成并加入了美国籍,再后来汤一介的孙子和外孙女也都出生在美国。这让中国湖北黄梅的汤氏家族在 20 世纪末期有两代人都成了美国人，却让出生在 20 世纪 20 年代的汤一介心生许多遗憾。

2002年摄于美国的全家福。

在汤一介的心目中，汤氏家族几代都是读书人，汤家的后代应该继承汤家的书香门风。但想不到自己的儿子和孙子都成了美国人，而且他们以后也必将不会归来"认祖归宗"。想到这里，耳边似乎又响起父亲生前吟诵《哀江南》的浓浓湖北乡音，汤一介不由深感落寞，他不知如何面对远在天国的父亲。

其实早在 1993 年，在缅怀父亲汤用彤先生诞生 100 周年时，汤一介就曾撰文，为自己无力传"家风"而抒发了感慨：

　　……由赋中领悟到，我父亲要告诉我的是，一个诗书之家应有其"家风"。因此在《哀江南赋》的序中特别强调的是这一点，如说"潘岳之文采，始述家风；陆机之辞赋，先陈世德"云云。近年再读祖父

之《谯游图》中之题词，始知我父亲一生确深受我祖父之影响。而我读此题词则颇为感慨，由于时代之故我自己已无法继承此种“家风”，而我的孩子们又远去美国落户，孙子孙女都出生于美国了。我父亲留学美国，五年而归，我儿子已去十年，则“有去无回”，此谁知过与欤！得问苍天。不过我的儿子汤双博士(一笑)也会吟诵《哀江南》，四岁多的孙子汤柏地也能哼上几句。但吟诵《哀江南》对他们来说大概已成为无意义的音乐了。我想，他们或许已全无我祖父和父亲吟诵时的心情，和我读时的心情也大不相同了。俗谓“富不过三代”，“穷不过三代”，大概传“家风”也不会过三代吧！

2002 年新年开始的第一天，汤一介和乐黛云在美国由旧金山飞到纽约，与女儿和儿子及亲戚十余口人团聚在一起共度新年。自从 20 世纪 80 年代后女儿和儿子离开祖国赴美留学并定居，一家三代人已经多年没有在一起过年聚会了。因此，这一次团聚，也让汤一介和乐黛云感到无比激动和幸福。

这一年，13 岁的孙子 Brady 已经上了中学二年级，12 岁的外孙女 Hedy 也已经是初中一年级的学生。女儿和儿子已步入中年，他们的举止成熟而庄重，孙子和外孙女则操着一口流利的英语。

在团聚的欢乐中，汤一介忽然发现，女儿和儿子已完全融入了美国社会，而在美国出生的孙子和外孙女更已经是不折不扣的美国人了。他顿时感到：“我们汤家的下一代和下下一代都从中国人变成了美国人。”这让汤一介颇有一点悲从中来之感。

　　这是汤一介对子孙成为美国人第一次从心中生起的"悲情"和遗憾。想起当年送走一双儿女去美国读书的情景,汤一介觉得这一切,是他和乐黛云造成的。曾经多次出国讲学的经历,让他和乐黛云都感到,美国的教育制度和研究院比中国要好的多,因此他们非常希望儿女们也能够走出国门到美国学习和深造,以接触学科的前沿。后来,女儿和儿子果然不负父母的希望,分别取得了硕士学位和博士学位。但是汤一介和乐黛云都没有想到,儿女们没有像他们希望的那样回国参加祖国的建设,而是选择留在了美国。

　　儿女们在美国生活得都很好,孙子和外孙女在美国的学校里表现也非常突出。孙子 Brady 在小学五年级时,参加全美数学考试,取得全美第二,纽约州第一,并在升入初中时成为全校唯一被纽约市最好的公立中学录取的一名学生。

　　外孙女 Hedy 功课也不错,12 岁读初中一年级时,就曾被选拔参加各种特殊的考试(即用部分大学试题考中学生)。Hedy 还喜欢舞蹈,弹钢琴,会画抽象派的画,也会在电脑上编卡通故事。但是由于生在美国、长在美国,孙子和外孙女中文都很差,孙子还能听、说,而外孙女听、说都有困难了。这不能不说是汤一介心中最大的遗憾。

　　虽然儿女们在美国生活的很好,孙子外孙女也很优秀,但是汤一介仍然觉得心中充满了失望。他也曾把对子孙成了美国人非常失望的心情说给乐黛云听。但乐黛云却和汤一介的看法不一样,她说:"他们属于新人类,是世界人,没有国家的观念,什么地方对他们的发展有利,他们就在什么地方做贡献。我们不同,受着国家观念的影响,总是觉得,为自己的祖国服务,是理所当然的。实际按马克思主义的国家学说,最后国家总是要消亡的,进入世界大同。儿孙们在美国

既可促进文化交流，为人类作出贡献，又可证明中华民族在任何地方都可作出贡献，有什么不好？"

乐黛云的这番话，汤一介觉得从道理上，是驳不倒她的，但从感情上说，却还是比较难接受的，特别是想到"我的子孙们怎么都变成了美国人？"的时候，汤一介总觉得有点对不起自己的祖父和父亲，因为他没有能够让他的孩子们保持汤家的"家风"。

这是汤一介心中的"悲情"和遗憾，汤一介认为自己心中的这股"悲情"，是受儒家的所谓"传家风"的影响。

而乐黛云的话则透露出庄子思想的影子，因为庄子主张"任性"、"放达"的思想，因而乐黛云认为应该让孩子们自己照自己想做的去做。乐黛云对孩子们选择成为美国人的看法，汤一介虽然并不赞成，但是他也不想进行反驳，因为他的心中早已深深印下了儒家"和而不同"的观念。

□ 4. 和谐的"三口之家"

虽然工作繁忙，子女又都远在美国，但生活中的汤一介和乐黛云却有一个和谐的"三口之家"。这个"三口之家"的另一名成员即是汤一介和乐黛云生活、工作都离不开的小刘。小刘叫刘美珍，18 年前以一个普通的年轻保姆身份来到汤一介家。而如今的小刘，不仅会熟练地用电脑为汤一介整理打印资料，还可以开车接送汤一介去《儒藏》编纂中心上班。若是论能力，小刘可顶得上秘书或者助理，若是论工作，小刘也绝对够得上一个司机。

从生活起居到提醒汤一介吃药，小刘不仅把汤家所有家

电脑前的"三口之家"。

务管理的井井有条,也与她的汤先生和乐先生在工作和生活中成了最亲近的人。在朗润园,他们3个人相互关心,无话不谈,是人们眼中的一个和谐的"三口之家"。这一切,自然离不开小刘的聪明能干,但更重要的,还是离不开汤一介和乐黛云对小刘的关心和培养。

最早是在小刘来到朗润园一年后,这一年汤一介和乐黛云又要出国去澳大利亚等国家讲学半年左右,这是小刘第一次经历汤先生和乐先生出国讲学。而汤一介和乐黛云则决定让小刘在这段时间里多学习一些现代年轻人应该具有的技能。

于是,在出国前的忙忙碌碌中,汤一介为小刘报了一个电脑学习班。他们觉得这是在出发前为小刘做的最有意义的事。

对于15岁走出家乡只上到初中毕业的小刘来说,学电

脑几乎是她从未想过的事,所以当她得知自己将要去学习电脑时,除了一阵抑制不住的激动和感动外,就是觉得自己实在是太幸福了。半年后,小刘拿到了电脑学习结业证书,也同时拿到了汤一介和乐黛云给她的半年全额工资。那一刻,小刘真是高兴的不知说什么好。而这一切,全都是因为自己幸运地走进了这个家,遇到了汤先生和乐先生,他们又把那么多的快乐和幸福送给了她。

1998 年,汤一介和乐黛云又要出国讲学了,这一次他们仍然决定利用出国的几个月时间再为小刘做一件有意义的事。正好这时汤一介在北大校园看见了一则北京市一所驾校在北京大学招收学员的广告,他和乐黛云商量后,决定为小刘报名,让她去驾校再学会一门技能。于是,汤一介拿上3000 元钱,亲自带着小刘办好了学习开车的手续。

能够报名上驾校的小刘还能说什么呢? 她觉得自己只有努力再努力,才对得起不断关心和培养自己的汤先生和乐先生。两个月后,小刘顺利地在驾校毕业了。一个年轻的保姆,在几年前学会了电脑操作后,又幸运地考下了驾驶证。这是小刘的亲身经历,也是 20 世纪 90 年代末期发生在北京的一个感人的"故事"。而在这个"故事"的背后,则浸满了汤一介和乐黛云对小刘的关心、培养和寄予的美好祝愿与希望。

在汤一介和乐黛云的眼中,小刘不单是手脚勤快、干活麻利,而且心地善良、聪明能干。小刘来了不久即把家中所有家务管理的井井有条,做饭的手艺没的说,对他们的身体更是处处关心,照顾周到。而更让他们看重的,还是小刘的人品。在他们看来,小刘不仅待人诚实可靠,而且品行端正。购物买菜时,小刘除了尽量节俭不浪费外,每一次都是账货清楚，无可挑剔。而在钱财面前，小刘更是一清二楚，品行可靠。后来在一天天的生活接触中，他们越发觉得小刘在各方面都做得令人满意（小刘说这是因为他们对她太好了，他们从来就不对她提出什么要求）。

对于小刘来说，她觉得也许自己和汤先生、乐先生有缘分，因为第一次走进北大校园汤先生的家中，她就感到一切是那么亲切、自然，没有一点生疏感。在这个充满文化气息的家里，温文尔雅、和蔼可亲的"汤老师"和"乐老师"不单总是在忙于做他们的学问，而且受到所有来访客人的尊敬。

他们在生活中互相关心、互相爱护和互相照顾，小刘早已把朗润园当做了自己的家，汤一介和乐黛云也早已把小刘当做女儿一样疼爱。而远离父母的小刘更是觉得他们比自己的亲生父母还要亲。这种彼此的相互关心与爱护，让他们在一起更似一个和谐的三口之家。

随着工作一天天的繁忙，小刘几乎"全权"担当起为汤一介整理、打印资料的工作，她会及时提醒汤一介撰写资料落下的字，她还会熟稔地为汤一介填上他永远也记不住的身份证号码。她的电脑操作越来越熟练，她的开车技能也有了"用武之地"。

有一天，《儒藏》编纂中心经常接送汤一介的司机临时有事来不了，于是，小刘当起了司机。虽然第一次为汤先生当司机，小刘的心里不免有些紧张，可是在汤先生和乐先生的鼓励下，她感觉轻松了许多。

后来《儒藏》编纂中心的那位司机请了长假，于是小刘就正式担当起接送汤一介去《儒藏》编纂中心上班的任务。经常行驶在北京大学校园内宽阔的大道上，小刘的感觉真是好极了，她的驾驶技术也像汤先生和乐先生希望的那样，一天

天在提高。

一转眼,小刘从安徽来到北京的汤家已经十多年,他们的"三口之家"仍然是那样愉快和谐。但是有一天,汤一介和乐黛云同小刘进行了一次很正式的谈话。

原来,不知不觉中,小刘已经30多岁了,可是她的"终身大事"还没有解决,这让她的汤先生和乐先生十分着急,不管怎么说,她也应该有一个自己的家了。于是他们一起坐在桌前时,汤一介很认真地对小刘说:"人长大了就应该有个家,这样生活才能安定下来。"乐黛云也对她说:"不管怎么说,你也该考虑自己的事了。"他们的关心,让小刘很感动,她知道,只有父母对儿女才会这样关心。

只不过小刘自己倒不着急,因为她对自己的生活现状非常满意,当然也不着急考虑自己的终身大事了。就像小刘说的:"我没有什么烦心事,在这里呆的很踏实,要是有什么事,只要跟他们说了,他们都会帮我解决。我生活得很好,从来没有过孤独感,也许这就是我从来没想过自己终身大事的原因吧。"

终于有一天,小刘把她的"另一半"小周带来见了她的汤先生和乐先生。做装修的小周同样来自安徽,是个性格沉稳,干活踏踏实实的小伙子,汤先生和乐先生终于放心了。

2008年,小刘和小周结婚了。他们按照父母的愿望,准备回安徽老家举办婚礼。而她的汤先生和乐先生则像女儿出嫁一样为小刘作了准备。乐先生更是给美国的汤丹、汤双,她的侄女,她在北京的弟弟、妹妹等亲戚打电话,告诉他们要像对待汤家女儿出嫁一样为小刘送上新婚礼物。于是美国的哥哥、姐姐还有表姐从遥远的大洋彼岸为小刘寄来了丝巾、窗帘等漂亮的结婚礼物,北京的小姨和叔叔则用快递寄来了礼物和礼金。而她的汤先生和乐先生则把"四件套"等一系列生活用品准备好之后,又加上了 10000 元的礼金。小刘风风光光地结婚了。

如今,小刘 1 岁多的女儿在安徽老家和小刘的爸妈一起生活。小刘每天都要给远在安徽的亲人打电话询问女儿的情况,这也是朗润园的"三口之家"共同的生活内容,因为汤一介和乐黛云每天也都在挂念着那个远在安徽的新生小生命,他们和小刘一样,是这个小生命的"第一询问者"。

他们的生活还增添了一个交谈话题,就是汤一介和乐黛云时时不忘对小刘灌输的"家庭和睦"之道。汤一介会经常对小刘说:"两个人在一起生活,要多看优点,不要挑毛病……"乐黛云也会对她说:"你们在一起相处,要互相关心,不要耍宁脾气。夫妻间不能有谁占上风和谁占下风……"

他们对小刘的关心,小刘全都记在心里,比如天冷了,他们会问小刘,屋子里的暖气怎么样,租的房子快到期了,汤一介就找他的学生帮忙给小刘找房子……

对小刘的未来,他们更是时时挂在心上。因为他们知道,终有一天他们会老去。因此有时坐在桌前吃饭时,乐黛云就会问小刘:"以后你想干什么呢?"小刘听了,立刻就会把话岔开。不是她不想她的未来,而是她很明白乐黛云说的"以后",这是她最不能接受的事。但是她的汤先生和乐先生却把这个"以后"看的很开,他们很愿意在"交响乐结尾"之前为小刘计划好她的未来。乐黛云知道小刘很喜欢花,于是她对小刘说:"以后你干什么好呢? 是开花店好,还是开饭馆好呢?"小刘刚想岔开话题,汤一介就接着说:"开饭馆太累,不能让她开饭馆。"小刘的心头涌起一阵阵温暖。

小刘的成长与快乐,离不开朗润园"三口之家"的和谐生

活,这虽不过只是汤一介和乐黛云生活中的点滴"花絮",但却无一不让我们感到中华大地两位学术大家的高尚品德和情操。

□ 5. 生命之光依然闪烁

尽管汤一介永远是那么忙碌,尽管他的时间表永远是排的满而又满,但是在 2010 年,83 岁的汤一介仍然抽出时间,与乐黛云完成了一次美国之行。

这一次的美国之行是他们商定好的。因为这一年,按照中国农历虚岁的算法,乐黛云即将迎来 80 岁生日。汤一介非常想为她庆贺一下,他们也很希望儿女们各自带着全家人来北京共同为母亲庆贺。但是他们又觉得那样会让忙于工

2011年辛卯新春,汤一介迎来 85 岁(农历)寿辰,北大哲学系主任王博教授亲自为一代国学大师切开祝寿蛋糕。

作的儿子、女儿请假,正在攻读学业的孙子和外孙女也要耽误学习。于是汤一介和乐黛云决定他们去美国与儿女们团聚。

虽然对于汤一介和乐黛云来说,这一次的美国之行确实不容易,甚至有些冒险。毕竟他们的年岁已大,身体又不太好,但是他们不愿意儿女和孙子外孙女耽误工作和学习。所以他们依然决定前往美国,他们心里也很清楚,这很可能是他们人生的最后一次美国之行。

临行前的 5 天,他们的儿子汤双特地从美国飞到了北京,为了父母的安全,他决定亲自陪着父母登上飞机。

2010 年国庆节的前夕,在儿子汤双的陪伴下,汤一介和乐黛云终于到了美国。这是时隔 8 年后,汤家三代人又一次在美国的团聚。他们相聚在新泽西的女儿家中,一起为乐黛云庆贺 80 岁生日的到来。

在团聚的快乐中,汤一介和乐黛云十分欣喜地看到,汤家最年轻的一代人不但健康快乐茁壮成长,而且已经成为朝气蓬勃有作为的青年人。8 年前孙子 Brady 还是一个不足 14 岁的初中二年级学生,如今已是一个正在攻读博士学位的 22 岁的英俊小伙子。他的学习成绩一直非常优秀,上中学时就经常在各种比赛中拿大奖,高中毕业后,Brady 考上了美国有名的芝加哥大学,不久转入布朗大学——这是美国著名的 9 所"常春藤大学"之一,Brady 在入学不久很快就拿到了奖学金。他学习的是有关基因研究方面的生物统计学,是一个很有前途的专业。现在,Brady 一边攻读博士学位,一边还身兼两份工作,因而他的生活和学习都已不用他的父母负担。

21 岁的孙女 Hedy 就读于美国康州的康奈尔大学三年级,这所学校同样是美国 9 所"常春藤大学"之一,也是胡适

先生的母校。

Hedy 也是一个很有出息的孩子,她正在一家下属 100 多个子公司的大公司实习。Hedy 学习的是研究信息资料的专业,公司派她去美国国会做联络工作,而且公司非常希望她毕业后能够来到这个公司工作。她的爸爸妈妈也很希望她能够到这个很有前途的公司上班。但是 Hedy 没有听取爸爸妈妈的意见,她想去一个比较新的公司工作,她是一个独立意识很强的孩子。

女儿汤丹看见远道而来的爸爸妈妈仍然是那样精神饱满,心中感到抑制不住的激动和欣慰。他们虽已是耄耋之年,可还是那样忙碌,那样拼搏,还是那样思维敏捷、谈吐文雅。汤丹甚至有些不相信,妈妈已经 80 岁,爸爸也马上就 84 岁了。她知道,那是源于他们的博大胸怀,源于他们对祖国文化的热爱和追求。而正是这份热爱和追求,才使得他们焕发着如此青春的活力。

汤丹虽然已经来到美国 20 多年,但她仍然很难忘记和爸爸妈妈在一起的时光,特别是小时候和爸妈一起度过的童年。最早的记忆是和爸爸一起走在燕南园的小径上,她追逐在爸爸的身后,阳光下,是爸爸的大影子和她的小影子,她追的快一点,就可以踩上爸爸的大影子……

可是后来,妈妈好长时间都不在身边,她去了门头沟的大山里被监督劳动。爸爸会在休息的时候带她去公园,去莫斯科餐厅……不过汤丹最喜欢的还是听爸爸讲故事,因为她总是被爸爸讲的故事深深吸引。

一转眼,会讲故事的爸爸已经 80 多岁了,可是爸爸仍然是那样忙碌,因为他是人人都尊敬的中国学术大家。想到这里,汤丹的思绪又回到了身旁的父母身边,看着一直在目不转睛地盯着孙子和外孙女的爸爸妈妈，充满幸福和喜悦的汤丹心中更对父母增添了许多敬佩。

儿女们留在美国一直是汤一介的心中的遗憾，因此，即便是来到女儿新泽西的家中，汤一介也仍然不忘"适时"地"发泄"一下心中的"失望"。比如，对汤丹家中的藏书和柜子里的玻璃器皿，汤一介就着实地"点评"了一把。

汤丹和爸爸妈妈一样也十分爱看书，爱买书，因此她的家中也像父母一样有很多藏书（虽然比起父母的藏书差多了），同事和朋友们也都很羡慕汤丹丰富的藏书，这也让汤丹很引以为自豪。但汤一介对女儿的藏书却十分不以为然。

看着爸爸在细心地浏览她一直引以为骄傲的藏书时，汤丹以为，爸爸一定很高兴，因为他终于可以看到汤家后代继承"书香门第"爱读书的家风了。可是她没想到，爸爸却一本正经地对她说："你的这些书太没有文化了！"

一旁的乐黛云觉得汤一介这样的"评语"实在是太不给女儿留面子了，她立刻接着说："她这些书还是不错的，你看，不是还有一些名著嘛。"可是汤一介仍然像没听见一样指着那些书说："这些书几乎就是垃圾了。"

爸爸的话，让汤丹心里有些不好受。她知道，爸爸一直为他们姐弟俩没有回到祖国为国家效力而遗憾。紧接着汤一介又指着那个摆放着一套套精美的玻璃器皿的大玻璃柜子说："只可惜，这么好的柜子里竟是连文房四宝都没有！"

汤丹听了，心里越发觉得惭愧，这是爸爸对他们的指责，指责他们没有继承祖国的文化。

欢乐的团聚之后，汤丹和汤双为他们的父母安排了一次愉快的度假旅行。在乐黛云的侄女的陪伴下，他们开始了从旧金山到墨西哥一周的航海旅行。因为汤一介最喜欢看

大海。

美国的东海岸是大西洋,西海岸是太平洋,汤一介可以尽情看到他喜爱的大海。航海旅行回来后,汤丹又陪着爸爸妈妈去了美国新罕布什尔州的白山国家森林公园看了他们喜欢的红叶,他们住在从阳台就可以望到山的宾馆里,因为汤丹知道,爸爸妈妈最喜欢的是自然风光。

2010 年 11 月 6 日,汤一介和乐黛云告别美国的亲人回到了北京。虽然他早就可以在多年前和乐黛云留在美国,和他们心爱的儿子、女儿,孙子外孙女一起,舒适地生活,尽享天伦之乐,但是他依然回来了,带着对航海旅行的美好回忆,带着对儿孙们的美好祝愿,带着他们全家团聚时拍下的他颇引以为骄傲的"全家福",汤一介和乐黛云又开始了他们一直挂在心头的工作。因为他们知道,祖国最需要他们。于是,他们又开始忙碌。他们那排的满满的工作时间表又开始运转。

乐黛云已经 80 岁,汤一介已经 84 岁,但是他们依然在工作,依然是那样忙碌。乐黛云要为北京外国语大学招博士生,还在带 5 个研究生,她还肩负着一个重任,那就是要完成100 万字的《比较文学 100 年》。

汤一介早已挑起了编纂《儒藏》的重任,在他的主持下,《儒藏》的精华编已经出版了 40 本,按照计划,到 2020 年就可以完成。但是汤一介仍然在为《儒藏》编纂工作不顾身体地拼命,因为这是他最大的心愿。就像他曾经说过的那样:"我最大的心愿就是把《儒藏》做好,因为一个国家,一个民族必须将文化接续下去。而《儒藏》就是要集中华文化精髓之大成,将儒家文化瑰宝系统全面地'收藏'。我的梦想就是让我们的《儒藏》成为全世界最权威的范本。"

　　他要做的工作实在是太多了，他一直为之努力终于建立起的儒学研究院的工作刚刚开始，还有他精心制定的 10 年规划的三大课题研究……

　　汤一介还在考虑着要为中国出一套 10 卷本 500 万字的经学史和中国儒释道三教关系史，还要主持"儒学与马克思主义"的研究课题。他曾经说过："这个题目很难，但必须做。"

　　人民大学出版社在等着他的 10 卷本的《汤一介集》；还要等待他为《汤用彤全集》补编 3 卷并整理出版；儒学研究院的工作还任重道远；他还在带 5 名博士生……

　　全心的拼搏，超体力的付出，汤一介没有丝毫抱怨，正如他所说过的那样："人活到老，总会考虑一些事情，人到底为什么活着，是吃饭、穿衣，这样一天天活着，还是有理想和抱负？当然，每个人的理想和抱负是不同的。做了自己很高兴、很喜欢的事情，那就很好，而且我相信它会有一定意义。"

　　汤一介以如此的拼搏和努力，诠释了父亲留给他的"事不避难，义不逃责"的家训，更以他依然闪烁的生命之光，书写着一代哲学大家的绚丽人生。